大夏书系·阅读教育

未来阅读

王金涛 / 著

华东师范大学出版社
全国百佳图书出版单位
·上海·

图书在版编目（CIP）数据

未来阅读/王金涛著.—上海：华东师范大学出版社，2021
ISBN 978-7-5760-1393-1

Ⅰ.①未... Ⅱ.①王... Ⅲ.①阅读课—教学研究—中学
Ⅳ.① G633.332

中国版本图书馆 CIP 数据核字（2021）第 036799 号

大夏书系·阅读教育

未来阅读

著　者	王金涛
责任编辑	卢风保
责任校对	杨　坤
封面设计	奇文云海·设计顾问

出版发行	华东师范大学出版社
社　址	上海市中山北路 3663 号　邮编　200062
网　址	www.ecnupress.com.cn
电　话	021-60821666　行政传真　021-62572105
客服电话	021-62865537
邮购电话	021-62869887　　地址　上海市中山北路 3663 号华东师范大学校内先锋路口
网　店	http://hdsdcbs.tmall.com

印 刷 者	北京密兴印刷有限公司
开　本	700×1000　16 开
插　页	1
印　张	13
字　数	184 千字
版　次	2021 年 4 月第一版
印　次	2022 年 6 月第三次
印　数	9 101-12 100
书　号	ISBN 978-7-5760-1393-1
定　价	45.00 元

出版人　王　焰

（如发现本版图书有印订质量问题，请寄回本社市场部调换或电话 021-62865537 联系）

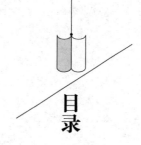

目录

序　创造未来阅读的格局与范式（成尚荣）001

CHAPTER / 1

第一章

未来阅读的转型变革

第一节　未来阅读，为未来奠基　003

第二节　影响阅读转型的"四个要素"　010

第三节　助推阅读转型的"八种思维"　014

第四节　精塑阅读转型的"八种形态"　017

CHAPTER / 2

第二章
未来阅读的理论架构

第一节　样本阅读到全息阅读的思维转变　025

第二节　阅读跨界与思维翻转的范式转换　036

第三节　思维转型与技术升级的教学意义　046

第四节　场景应用与众筹思维的课程价值　056

CHAPTER / 3

第三章
未来阅读的实践探索

第一节　数据发声：建构"数据应用阅读"新范式　071

第二节　工具助读：分享"全唐诗""有趣的秘密"　082

第三节　场景再造：借助"互联网+"讲好神话故事　095

第四节　空间互联："快乐读书吧"的云间新样态　104

第五节　阅读链接：链接属于自己的阅读"话语圈"　112

第六节　问题清单："问题化阅读"的"清单革命"　122

第七节　深度阅读：纸质书与"一屏万卷"的博弈　131

第八节　实践报告：技术促进阅读转型的行动研究　140

CHAPTER / 4

第四章
未来阅读的同行朝向

第一节　未来阅读趋向深度融合　151

第二节　学生引领未来阅读变革　159

第三节　教师赋能未来阅读创新　168

第四节　学校为未来阅读而设计　174

评　论　王金涛及其《未来阅读》的典型意义　181

　　　　信息技术时代阅读与教学的未来形态　184

　　　　未来阅读：信息社会发展中具有前瞻性的项目　189

后　记　未来已来，阅读可为　195

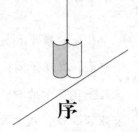

序

创造未来阅读的格局与范式

成尚荣

我坚信一个理念：所谓写序，其实是写读后感。读王金涛老师的《未来阅读》，这一感触尤深——我经历了一次阅读与学习的过程，接受了一次新阅读、大阅读的洗礼。

《未来阅读》是金涛的力作，是他阅读研究心血的凝结，是他教学研究视角的抬升，是他实践经验的深度提炼。可以说，是他目前所有著作、所有论文中最有分量、最有研究含量，因而最为优质的作品。我为他这本著作的出版感到由衷的高兴和自豪，表示诚挚的祝贺。

金涛是在大数据时代重新定义阅读，重新定义语文课程，重新定义学习，也在重新定义未来的教育。说到底，他是在重新定义自己。《未来阅读》可以诠释为"未来语文""未来学习"，是金涛长期以来阅读范式的一次重大提升，也给我们带来极大的冲击。

首先是眼光和见解的冲击。金涛有敏锐性，捕捉到了阅读与学习的理论前沿，发现了阅读与学习理论的新走向。这不仅表现了他的理论敏锐性，而且表现了他的理论勇气，敢于触碰这么前瞻的话题。理论勇气来自理论素养的积淀，来自实践中的理论思考。研究未来阅读他是有理论准备的，更是有理论指导下的实践为基础的。金涛的理论视角还表现了他的现代视野和观察问题的宏大视野。他站在现在，瞭望未来；站在讲台，看到了一个偌大的世界。而这一切源自他广泛而精深的阅读。读了这么多的资料，还做了这么清晰的梳理和合理的整合，形成一个结构，是相当不容易的。金涛给我们的启发是，无论是现在阅读还是未来阅读，首先是自己的大阅读，以大阅读为基础，讨论未来阅读才会有底气，才会有把握。

其次是未来阅读价值观给我们的引领。《未来阅读》关涉到对未来的认知。何为未来？未来是我们要到达的目的地吗？既对又不对。金涛告诉我们，未来，实质是我们要创造的那个世界，而我们当下就是在不断地创造，因此，未来就在脚下，未来已来，我们正在未来的进行之中。这是一种未来的创造价值观，即未来不是等来的，而是创造出来的。遗憾的是，我们在高呼未来的时候，又在无形中拒绝未来。"如果我们用过去的方法教育现在的学生，就是在剥夺孩子们的未来。"他用杜威的判断告诫我们从"过去的方法"中摆脱出来，要意识到我们正在做的一切，也许落后了，也许在剥夺孩子们的未来。我们的使命是要带领孩子们创造未来。金涛告诉我们，"预测未来最好的办法就是创造未来"。这就是对现代教育、未来阅读的价值澄清与价值引领。同时，大数据下的未来阅读，也会遇到一些诱惑，孩子有可能踏入陷阱，未来阅读要引导学生对阅读的资料和大数据进行价值判断与选择，警惕网络世界中错误价值观的诱惑。金涛告诉我们，未来阅读仍是一个价值世界中追求理想的过程，重塑价值观的过程。

再次是未来阅读研究方法论的启示。金涛撰写《未来阅读》，有自己的研究思路和方法论。他基于现实和未来发展趋势提出重要命题："大数据、互联网、人工智能……工具赋能阅读，阅读方式的颠覆与重塑正在改变我们认识世界的视角与思维，未来阅读必将迎来一次巨大的范式转型与变革。"他的预见是："未来，一个可以期许的'创意阅读新时代'。"然后由此建立起关联的核心概念串：思维方式—行为方式—教育教学转型。未来阅读正是工具赋能以及支撑下的思维范式转型，思维范式转型带来阅读行为范式转型，阅读行为范式转型带动教育教学范式转型。而这一切，核心仍是儿童学习方式的转型，发生的是一次更为深刻的学习革命，而且这样的转型将会成为一种新常态。核心命题的层层推进，形成研究思路，逐步建构自己研究的方法论。就这样，未来阅读的理念、核心、意义、样态，逐一呈现在我们面前，绘制了未来阅读的蓝图。金涛告诉我们，教育研究与改革要走向方法论之路。

最后是未来阅读的实践架构。金涛既没有让自己的研究停留在技术、工具层面，也没有让价值理念虚空，而是在价值理念指引下，进行整体的、深度的建构。"影响阅读转型的'四个要素'""助推阅读转型的'八种思维'""精塑阅读转型的'八种形态'"，极富理论含量的未来阅读的要义一下子在实践中站立了起来。"数据发声：建构'数据应用阅读'新范式""工具助读：分享'全唐诗''有趣的秘密'""场景再造：借助'互联网+'讲好神话故事""空间互联：'快乐读书吧'的云间新样态""阅读链接：链接属于自己的阅读'话语圈'""问题清单：'问题化阅读'的'清单革命'""深度阅读：纸质书与'一屏万卷'的博弈""实践报告：技术促进阅读转型的行动研究"……一章一节，把未来阅读的具体样式清晰地呈现给我们，让我们可触摸、可借鉴、可操作，拓展了未来阅读、创意阅读的大格局。金涛告诉我们，所有对于未来阅读的预言和构想，都是基于今天的实践与判断。

在金涛的笔下，未来阅读的画卷已经展开，我们的实践正在逐步推进，我们也正在未来阅读中朝向可期许、可预见的未来。当然，未来已来，而过去也未去。一切要站稳脚下的那片土地，在朝向美好未来的同时，也别丢弃所经历的过去。我是从过去走到现在，又从现在走向未来，未来阅读中永远有可贵的"传统的影子"，技术永远只是工具，未来阅读的主人是我们不断成长中的学生，还有我们自己——在研究中向前的教师。王金涛就是永远向前的优秀教师队伍中的学者型教师。

（作者系国家督学）

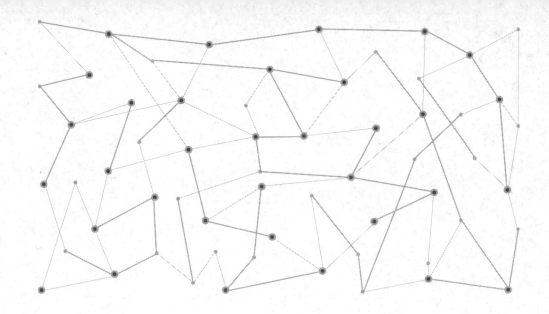

CHAPTER/1

第一章
未来阅读的转型变革

如果我们用过去的方法教育现在的学生，就是在剥夺孩子们的未来。

——杜威

大数据、互联网、人工智能……工具赋能阅读，阅读方式的颠覆与重塑正在改变我们认识世界的视角与思维，未来阅读必将迎来一次巨大的范式转型与变革。

未来，一个可以期许的"创意阅读新时代"。

"世界的本质是数据。"大数据之父舍恩伯格的这一论断，有没有改变我们看世界的思维？未来，与大数据同行，我们需要数据思维。

第一节
未来阅读，为未来奠基

近年来，随着《大数据时代》《大数据》《人工智能》等著作的面世，我们对大数据的理解经历了一次醍醐灌顶式的洗礼，不经意间我们已经跨入大数据时代……

一、何为大数据

舍恩伯格认为：认识大数据之前，世界原本就是一个数据时代；认识大数据之后，世界却不可避免地分为大数据时代、小数据时代。

那么，究竟什么是大数据呢？

大数据研究机构 Gartner（高德纳）给出了这样的定义：

大数据是需要新处理模式才能具有更强的决策力、洞察发现力和流程优化能力来适应海量、高增长率和多样化的信息资产。

第一章 未来阅读的转型变革

麦肯锡全球研究所给出的定义是：

大数据是一种规模大到在获取、存储、管理、分析方面大大超出了传统数据库软件工具能力范围的数据集合，具有海量的数据规模、快速的数据流转、多样的数据类型和价值密度低四大特征。

在舍恩伯格和库克耶的著作《大数据时代》中的定义是：

大数据指不用随机分析法（抽样调查）这样的捷径，而采用所有数据进行分析处理。大数据的5V特点（IBM提出）：volume（大量）、velocity（高速）、variety（多样）、value（低价值密度）、veracity（真实性）。

对我们而言，大数据的定义并不重要，重要的是我们对大数据的关注与利用。

2014年，"大数据"的概念首次正式写入我国《政府工作报告》。

2015年是大数据政策顶层设计年。9月，国务院印发《促进大数据发展行动纲要》，系统部署大数据发展工作，并明确指出："坚持创新驱动发展，加快大数据部署，深化大数据应用，已成为稳增长、促改革、调结构、惠民生和推动政府治理能力现代化的内在需要和必然选择。"

2016年为大数据政策细化落地年，国家发改委、环保部、工信部、国家林业局、农业部等均推出了系列关于大数据的发展意见和方案。3月17日，《中华人民共和国国民经济和社会发展第十三个五年规划纲要》发布，其中第二十七章"实施国家大数据战略"提出："把大数据作为基础性战略资源，全面实施促进大数据发展行动，加快推动数据资源共享开放和开发应用……"

2017年开始，大数据产业的发展由理论研究加速进入应用时代，且大数据产业相关的政策内容已经从全面、总体的指导规划逐渐向各大行业、细分领域延伸，物联网、云计算、人工智能、5G 技术与大数据的关系越走越近。同时，随着数据开发共享的由浅及深，在 2017 年 7 月、11 月发布的《国务院关于印发新一代人工智能发展规划的通知》《国务院关于深化"互联网＋先进制造业"发展工业互联网的指导意见》中，也都再度提及数据的开放和共享。

……

"大数据开启了一次重大的时代转型。"舍恩伯格与库克耶的观点迅速引起了社会各界的广泛关注。他们预言："就像望远镜让我们能够感受宇宙，显微镜让我们能够观测微生物一样，大数据正在改变我们的生活以及理解世界的方式，成为新发明和新服务的源泉，而更多改变正蓄势待发……"对此，我理解：大数据，作为一种新技术，将诱发思维方式、行为范式与教育教学理念的全方位变革，大数据的落实与应用将会逐渐改变我们的教育教学。

二、大数据影响阅读转型的"三个要点"

大数据开启了一次重大的时代转型，正在变革我们的生活、工作和思维。洞悉大数据的精髓，在于我们分析数据时的"三个转变"[①]，具体表现为：

第一个转变就是，在大数据时代，我们可以分析更多的数据，有时候甚至可以处理和某个特别现象相关的所有数据，而不再依赖于随机采样。

第二个转变就是研究数据如此之多，以至于我们不再热衷于追求精确度。

第三个转变因前两个转变而促成，即我们不再热衷于寻找因果关系。

---

① ［英］舍恩伯格，［英］库克耶. 大数据时代——生活、工作与思维的大变革［M］. 盛杨燕，周涛，译. 杭州：浙江人民出版社，2013.

其实，大数据对我们思维的影响最大，甚至是革命性的变革。从上面的"三个转变"可以发现，它们之间又是相互联系和互为作用的。① 具体表现在：

首先，要分析与某事物相关的所有数据，而不是依靠少量的数据样本；

其次，我们乐于接受数据的纷繁复杂，而不再追求精确性；

再次，我们的思想发生了转变，不再探求难以捉摸的因果关系，转而关注事物的相关关系。

实践证明，每一种语文教学范式的产生与流行，都是某一种占主导地位的语文教育思潮在实践中的集中反映。大数据时代，学生作为阅读的主体，既是大数据的受益者，也是大数据的建构者；而教师作为阅读的引领者应充分利用大数据、互联网等所能提供的便利服务于教学，这必将掀起阅读教学的一次转型与变革。这场变革不仅是教与学的手段、形式与思维的变革，也是阅读范式的结构、策略与格局的转型。

当下，大数据思维的"三个转变"对未来阅读教学的启示是多元的，大数据正在慢慢地促进阅读思维发生转变。

要点阐释	教学意蕴	阅读启示
不是随机样本，而是全体数据。	需求分析：从随机样本走向全体样本。	为学生提供更大的阅读空间，增加学生独立阅读的选择性，为不同学生提供差异化的阅读机会，最终为每一个学生量身定制属于自己的阅读书目。
不是精确性，而是混杂性。	目标定位：从单一学习转向混合式学习。	各种在线阅读工具、大规模开放在线阅读课程（慕课）、微课程等，将使学生的阅读随时随地发生，线上线下的无边界阅读正改变学生的阅读生态和知识结构。

---

① ［英］舍恩伯格，［英］库克耶.大数据时代——生活、工作与思维的大变革［M］.盛杨燕，周涛，译.杭州：浙江人民出版社，2013.

续 表

要点阐释	教学意蕴	阅读启示
不是因果关系，而是相关关系。	思维转变：从注重演绎转向注重归纳。	知识的建构更多侧重于让学生在阅读中知道"是什么"，而不一定要知道"为什么"。知识的边界即生活的边界，阅读就是要建立起彼此之间的相关关系，培养学生面向未来的关键能力。

未来，迫使师生必须重新思考学习的方式及阅读的范式。而阅读思维的转型也是在新形势下深入落实与践行《义务教育语文课程标准（2011年版）》（以下简称"新课标"）中的"阅读教学建议"以及《中国学生发展核心素养》的任务需求。

新课标指出：

阅读是搜集处理信息、认识世界、发展思维、获得审美体验的重要途径。

阅读是学生的个性化行为，应引导学生钻研文本，在主动积极的思维和情感活动中，加深理解和体验，有所感悟和思考，受到情感熏陶，获得思想启迪，享受审美乐趣。

要珍视学生独特的感受、体验和理解。不应完全以教师的分析来代替学生的阅读实践，也要防止用集体讨论代替个人阅读，或远离文本过度发挥。

逐步培养学生探究性阅读和创造性阅读的能力，提倡多角度的、有创意的阅读，利用阅读期待、阅读反思和批判等环节，拓展思维空间，提高阅读质量。

……

《中国学生发展核心素养》则指出：

能自觉、有效地获取、评估、鉴别、使用信息；具有数字化生存能力，主动适应"互联网+"等社会信息化发展趋势。

理解技术与人类文明的有机联系，具有学习掌握技术的兴趣和意愿；具有工程思维，能将创意和方案转化为有形物品或对已有物品进行改进与优化等。

……

综上，大数据、互联网等为学生观察、认识世界提供了一种全新思维。阅读无处不在，阅读连接一切，阅读资源将实现阅读个体需求的精准供给；大数据诱发阅读教学在思维、结构、方式等方面的深度改革，基于数据决策与驱动的个性化阅读将成为现实；大数据驱动，数据发声，学生的个性阅读行为成为可能，未来学生的创意阅读将成为新常态——学生可以随时拿出平板电脑、智能手机等终端设备，在人类的整个知识库中搜索与主题相关的信息资料，进行自主阅读、建构与应用。如今，学生已经开启大数据时代的阅读生活与学习。

在大数据引擎下，互联网、人工智能……都迅速与教育（教学）建立了联系，加快教育（教学）改革的步伐：

2017年7月20日，国务院印发了《新一代人工智能发展规划》，将人工智能上升至国家战略的高度。"通过开展智能校园建设，推动人工智能在教学、管理、资源建设等全流程应用，建立以学习者为中心的交互式教育环境，提供精准推送的教育服务，以期实现日常教育和终身教育定制化。"

2018年4月13日，教育部印发《教育信息化2.0行动计划》，旨在深化教育大数据应用，"大力推进智能教育，开展以学习者为中心的智能化教学支持环境建设，推动人工智能在教学、管理等方面的全流程应用，利用智能技术加快推动人才培养模式、教学方法改革，探索泛在、灵活、智能的教育教学新环境建设与应用模式"。

2019年8月，联合国教科文组织正式发布国际人工智能与教育大会成果文件《北京共识——人工智能与教育》，旨在通过人工智能与教育的系统融合，全面创新教育、教学和学习方式，并利用人工智能加快建设开放灵活的教育体系，确保全民享有公平、适合每个人且优质的终身学习机会，从而推动可持续发展目标和人类命运共同体的实现。这是联合国教科文组织首个为利用人工智能技术实现2030年教育议程提供指导和建议的重要文件。

2020年3月，教育部印发《2020年教育信息化和网络安全工作要点》，指出："全面完成教育信息化规划目标，深入推进《教育信息化2.0行动计划》，实施好'加快推进教育信息化攻坚行动'，积极发展'互联网＋教育'，发挥网络教育和人工智能优势，创新教育和学习方式，加快发展面向每个人、适合每个人、更加开放灵活的教育体系，建设学习型社会。"

……

此外，国家教材委员会印发的《全国大中小学教材建设规划（2019—2022年）》以及教育部印发的《中小学教材管理办法》等文件明确提出，将来人工智能、大数据要入教材。对此，教育部部长陈宝生也明确指出："中小学必须加快普及人工智能教育。"

在可持续发展需求和新一轮技术革命双重驱动教育变革的背景下，大数据、互联网、人工智能等赋能阅读已经成为时代命题。

未来已来，阅读可期。

未来阅读，以学生为本，为未来奠基。

有了大数据,以及大数据关联的思维与技术,很多阅读准则将逐渐被数据推翻或改变,阅读的性质也将从根本上改变,阅读已经从"开卷有益"的感性认识,走向"博观约取"的理性选择,从获取信息的"低层阅读"向发展思维的"高阶阅读"转型。

第二节
影响阅读转型的"四个要素"

大数据时代,影响未来阅读转型发展的因素有很多,当然也存在着很多的不确定性,但主要体现在数据驱动、思维变革、技术升级和空间互联四个方面。

一、数据驱动:阅读转型成为可能

大数据时代,"数据"强烈地冲击着教学活动,诱发教学活动在思维、结构、方式等方面的深度改革,这些将从根本上改变阅读教学的现状。实践中,我们可以借助大数据分析,找出教材中的哪一部分对学生而言效果最好,当然也可以找出效果不好的部分,或者是学生根本就不感兴趣的内容。但遗憾的是,在此之前,我们都是凭借着以往的教学经验积累,感性地去判断学生阅读的喜好，猜测学生可能会出现的问题以及阅读的效果。但这一切在大数据时代将被颠覆改变，因为学生在阅读过程中的所有数据都将被记录下来，我们可以对这些被记录下来的数据进行挖掘与分析，以便进行更好的决策和指导，适时、适性、适量地调整阅读策略、阅读内容，甚至是融入我们对教材的"二度创编"等，这些都将从根本上改变阅读的原有生态。

此外，我们基于数据分析的决策，也会使人类的有限理性得到最大限度的提高，让因材施教成为可能。

未来，学生的阅读过程是完全可以量化的。借助大数据，我们可以对学生已有的学习准备、能力、兴趣、天分、学习风格等进行评估。[1]这样就能更好地读懂千差万别的学生，也让我们有机会了解每一个学生真实的阅读情况，并根据学生的实际阅读步调和阅读情况开展有针对性的阅读指导，使其真正融入阅读全过程中，为每一个学生提供优质的、个性化的阅读资源和环境，让阅读满足每一个学生的生命需要。

二、思维变革：阅读转型正在发生

大数据时代的思维变革主要体现在"全体数据""混杂性"以及"相关关系"三个鲜明的特点上。我们可以借助"全体数据"将阅读指向无限的网络空间资源；"混杂性"则让我们可以像发掘宝藏一样地去挖掘自身的个性阅读潜能及取向；"相关关系"将使得我们在无须探究因果关系的前提下，更便捷地进行相关文本的链接、超链接阅读。转型，从转变思维开始。阅读转型在一定意义上归因于大数据思维的颠覆作用。

这种思维转换改变了师生确信的知识存在的方式。舍恩伯格说："执迷于

---

[1] 徐鹏，王以宁，刘艳华，张海.大数据视角分析学习变革——美国《通过教育数据挖掘和学习分析促进教与学》报告解读及启示［J］.远程教育杂志，2013（6）.

精确性是信息缺乏时代和模拟时代的产物……只有接受不精确性,我们才能打开一扇从未涉足的世界的窗户。"未来,在一定范围内,阅读活动可以适当地减少与学生思维水平不相符的"为什么",或者学生来不及思考的"为什么",让学生随着时间的推移、根据接连不断的"是什么"而合理地建构和确认自己的知识体系,同时为自己未来知识体系的调整与扩展留下一定的开放空间,让每个学生都可以根据自己的习惯和立场,选择与问题或主题相关的数据并发现它们之间的关联性,从而实现个性化阅读。

三、技术升级:阅读转型逐步进阶

"技术的力量在于改变世界。"魏忠在其著作《教育正悄悄发生一场怎样的革命》中对此做了深入的阐述,给我们的启示是深刻的。从古代的印刷术到当今的数字技术,技术用于教学,不仅是信息媒介在变革,更重要的是学习的思维方式也发生了颠覆性的转变。大数据、"互联网+"时代,技术的核心是解放,本质是服务。技术与教学的深度融合是课程形态发展的时代需求。如今,技术的升级与深入正在实现对人生命的存在与表现的完整确认,所以充分释放师生的潜能将逐步成为可能。

被技术解放的课堂,正在发生着静悄悄的革命:支架走向网络,信息走向聚合;传统走向现代,配置走向集约;对话走向交互,虚实走向融合;决策走向数据,技术走向服务……这一切正在改变着学生的课堂学习方式,乃至生存状态、生命需求。如今,"慕课""电子书包""云阅读""翻转课堂"等,都是大数据时代技术解放课堂的"产物"。但是,我们也要有清晰的认识:正在发生的教学变革并不是要把我们传统的课堂简单地搬到网络上,而是让新技术解放学生本来就有的学习潜能,让技术从"教师端"走向"学生端",围绕学生的知识习得和知识建构进行技术分解与支持,重构"技术支持学习"的未来学习(阅读)新样态。

四、空间互联：阅读转型趋向融合

知识的边界即课程的边界。大数据、"互联网+"、人工智能时代，网络连接一切，一切的课程资源都是互联的。单一、封闭的课程被彻底颠覆，日趋走向联结与融合。未来，课堂的边界、知识的边界也将随之发生根本性的变化，无边界阅读、屏读都将成为一个时代的特征。

大数据时代的阅读，已经不再局限于语文课堂和语文学科，基于互联网的"一屏万卷"时代已经到来。互联网让原来相对独立的课程瞬间变成了课程群、课程链，又由于网络连接的便捷，这些课程触手可得，阅读时更能通过其自身所建立起来的"链接"，形成一个庞大的"课程圈"。在这样的一个"圈"里阅读，所获得的知识是勾连、融通、无边界的，不知不觉中知识的边界就被打破。课程的互联、空间的互联使得阅读转型向着开放、跨界、融合的方向发展，并成为未来阅读崭新的范式形态。

有了大数据，以及大数据关联的思维与技术，很多阅读准则将逐渐被数据推翻或改变，阅读的性质也将从根本上改变，阅读已经从"开卷有益"的感性认识，走向"博观约取"的理性选择，从获取信息的"低层阅读"向发展思维的"高阶阅读"转型。

未来阅读的样子，理应如此。

为思维而教。思维转变了，我们看世界的方式也必须转变。大数据、"互联网+"时代，各种"新思维"层出不穷，我们是否已经拥有？未来，还会有更多。

第三节
助推阅读转型的"八种思维"

大数据时代，转型绝不限于技术层面，在本质上，大数据为我们观察、认识世界提供了一种全新思维。新课标也明确提出："在发展语言能力的同时，发展思维能力，激发想象力和创造潜能。"大数据、"互联网+"时代，各种"新思维"更是层出不穷。

一、用户思维

就是一切以用户的需求为导向，一切以用户的满意为宗旨。这里的用户在教育教学中就是指学生，体现的就是当下以人为本的理念。未来，学生一定会成为数据的拥有者、受益者，也必将在不断的学习中创造数据，成为创造者。就教学而言，学生既是消费者，也是生产者。阅读教学转型的最终目的是要最大限度地满足用户（学生）的个性化需求。

二、平台思维

"互联网+"时代，人们可以通过微信、微博、QQ空间等终端渠道进行交流，着力打造一个多主体共赢互利的生态圈。大数据时代的阅读教学转型，需要构建这样的交互平台，实现师生、生生之间的交流沟通，从而获得更多的阅读数据（阅读资源），推动创意阅读的深入开展。

三、跨界思维

跨界的本质是连接和创新。大数据时代，技术的发展让各领域的边界逐渐模糊，但与技术相比，跨界思维更重要，拥有跨界思维就拥有了看世界的大视野、大格局。跨界阅读符合时代的潮流，能够很好地适应和促进阅读的转型与发展，全面提升学生的阅读素养。

四、迭代思维

大数据时代，要想跟上时代发展的步伐就必须不断地进行迭代创新。教学范式的形成过程就是一个迭代思维的变革过程，需要在教学实践中不断地省察与跟进，捕捉学生的需求，快速决策与变革完善，这样，未来阅读才能一直保持创意，而不至于枯燥无味。

五、创客思维

创客是大数据时代催生的新产物，人人皆可成为创客。创客思维简单说就是创新思维，引导学生根据自身特点，找到适合自己的学习方式和方法，进行创造性学习，发展思辨性思维，并能以批判的思维方式去看待自己、看待世界，培养创客精神。这是未来阅读很重要的一个领域。

六、场景思维

场景联结一切。场景思维是一种"万物互联"的联结方式,强调联结真实世界的阅读内容、协同解决问题、个性化阅读。未来阅读,走心的不再仅仅是文字,还有与读者相关联的场景。场景阅读很好地展现了创意阅读的独特魅力,让阅读者在个性化的场景中阅读。

七、众筹思维

众筹是聚众人之力量、智慧及资金等来完成某个项目。将众筹及众筹思维运用于阅读教学之中,可对阅读课程资源进行优化与重组,实现"以小博大"的阅读目的,同时也能更好地实现阅读课程资源的精准供给,从而最大限度地满足学生的阅读需求。

八、大数据思维

大数据思维的本质是充分应用数据的价值,把握"不是随机样本,而是全体数据""不是精确性,而是混杂性""不是因果关系,而是相关关系"的要义,进而通过挖掘与利用数据创造价值。对于阅读而言,就是要用大数据思维去挖掘与阅读相关大数据的潜在价值,开展创意阅读。

大数据时代,新思维还有很多,尤其随着时代的飞速发展,很多新的思维也将不断被催生出来,并在一定程度上对阅读产生影响。所以,在大数据时代,只有掌握了新思维,才有可能更好地实现阅读的转型与发展,才有创意阅读的精彩呈现,未来阅读的新样态。

让思维自由,就是让阅读自由。

未来阅读，究竟是什么样子？与传统的阅读有何本质区别？万物互联背景下，全息、跨界、场景……将逐渐颠覆传统阅读的形态，拷问我们对未来阅读的期待。

第四节
精塑阅读转型的"八种形态"

如今，学生已是数字原住民。大数据、"互联网+阅读"背景下，如何落实阅读教学范式的转型？对比工业时代，万物互联时代的阅读实践形态发生了很大变化。倡导与推动全息阅读、众筹阅读、场景阅读……实现阅读方式的深度融合，构建以大数据、"互联网+"、人工智能环境为支撑的未来阅读范式，这样才能更好地培养与时俱进的"数字公民"。

一、全息阅读

在大数据时代，现成的语文知识与结论已经不需要我们再去论证，要做的是通过海量的阅读，即全息阅读，去发现与建构新的知识。全息阅读要求以学生为中心，以大量的背景材料为基础，搜索相关联的信息，打开诸多文本之间的联系通道，形成阅读大数据的自主构建。未来，知识建构将不再热衷于寻找因果关系，而应转向寻找相关关系。这就迫使我们对以前知识建构的方式进行审思并重新洗牌，变革知识建构的思维方式。

对语文学习而言，未来阅读素养的养成，不再完全依赖单一的样本阅读，全息阅读将成为一种需求。把教材作为例子，引领学生进行全息阅读，这在大数据时代势在必行。因为在语文学习中，所谓的"数据"就是各种文字信息，即与所学习文本有关的各种资料，包括音像、图片、视频资料等等，这些作为重要的学习资源，理应得到充分拥有并被创造性地运用。全息阅读顺应未来时代综合化教育的潮流，它根据人与言语的关系，借鉴全息理论构建一种崭新的阅读范式，从而更好地适应未来阅读的需求与发展。

二、问题阅读

问题阅读是一种开放性阅读，直指学科和学科教学的基本问题与核心问题。未来是开放的，这样的阅读基于读者自己的理解力，走向开放、多元，去探索未知的学习领域。在整个问题阅读过程中，主要靠学生的阅读自觉以及技术的支持。这也正体现了"阅读是学生的一种自组织行为"的阅读理念，即让学生将知识和技能置于一种特殊环境（生活与网络的融合）中去学习与发现，并充分借助技术支持提升解决问题的能力。

大数据、"互联网+"时代，"百度知道"与"新浪爱问"都是用户自己根据需求提出问题，通过搜索或通过悬赏机制发动其他用户回答，来得到该问题的答案。未来，知道"是什么"就够了，没必要非要弄清楚"为什么"。我们不必非得知道现象背后的原因，而是要让数据自己发声。因为在大多数情况下，一旦我们完成了对大数据的相关关系分析，而又不再满足于仅仅知道"是什么"时，我们就会继续向更深层次研究因果关系，找出背后的"为什么"。① "总有人知道你的问题的答案。"这就是问题阅读的最大魅力所在。

三、项目阅读

基于项目的阅读，是在全球推进素养的浪潮中涌现出来的一种非常重要的学习方式。项目阅读把学科关键概念和能力转化为项目化学习的驱动性问题，让人们产生问题解决的内动力。驱动性问题是推进项目开展的核心问题，基于学生的兴趣非常重要，同时还要基于标准，所以必须关注在整个学习活动中对学生学科核心能力的培育。未来，技术的发展和变革将为阅读提供更为先进的设备和手段，并将对阅读教学产生更加突出的影响。

此外，项目阅读还有助于学生进行深度阅读——以解决实际问题为目标，整合新旧知识，且能将知识迁移到新的情境中。项目阅读、探究过程中，学生将不断产生更深刻的认识，也将实现学习内容从碎片化向连贯性转变、学习方法从随机性向科学性转变、学习目标从基础性向创造性突破，以及学习成效从散点性向过程性发展升格。

四、泛在阅读

泛在阅读，是一种开放的无边界阅读，融检索、解释、整合、反思与评价等阅读策略于一体，让每一个学生都可以通过"阅读+"的思维范式，连接他们的学习与生活、社会与世界，共享世界上最好的阅读资源，满足生命成长需求，并非我们之前所理解的泛泛地读一读，了解一下大概的意思。泛在阅读，是一个博观约取的过程，博观很重要，约取更重要，约取的能力才是获取

---

① ［英］舍恩伯格，［英］库克耶. 大数据时代——生活、工作与思维的大变革［M］. 盛杨燕，周涛，译. 杭州：浙江人民出版社，2013.

知识的关键能力。

未来，社会的进步与技术的发展将催生功能更为强大的阅读社交网站，从而为学生提供前所未有的资源利用良机，推动数字时代知识信息的多维度获得、存储、编辑和表现。学生也将突破时空的限制，"随时随地借助技术和设备进行'泛在阅读'，整个社会因此也将逐渐步入无缝学习时代"[①]。

五、跨界阅读

跨界阅读，是跨越学科界限的一种阅读方式，秉承的是"阅读边界即知识边界"的理念。跨界阅读，在于对知识的广泛求知与悦纳。大数据、"互联网+"时代，链接从根本上改变了知识的结构，拓展了知识的边界，也让我们的阅读实现了跨界。

未来，我们不是不要纸质阅读，不要深度阅读，而是要与时俱进，建立多层次的阅读观，引导学生正确对待碎片化阅读与整本书阅读的关系，巧妙利用网络中角角落落所分布的那些链接，实现阅读的完美跨界、连接与融合。

六、创客阅读

创客阅读，将成为未来阅读新常态。它注重自由、创新、活力，实现了对传统的课堂阅读教学的翻转和变革。作为一项人人可以参与的阅读活动，它能够弥补传统教育忽视兴趣和动手能力的缺陷，让孩子们玩创客，自主探究阅读，激发其成为创客的兴趣，培养其创造的能力。因此，在儿童阅读教学过程中培养儿童的阅读创造力，提倡和实施创客阅读，有着积极的实践意义。

---

① 张雪，李子运.打开终身教育希望之门的学习方式——泛在学习[J].继续教育研究，2010（2）.

未来，学生可能会实现阅读时时处于在线状态。我们知道，培养学生的创客思维，关键在于引导学生根据自身特点，找到适合自己的学习方式和方法，像创客一样进行创造性学习。但是，衡量创客阅读的核心指标不是"我知道了"，而是"我做到了"。显然，未来的创客阅读一定不是简单的网上碎片化阅读，而是一种借助技术支持的"阅读＋实践""阅读＋创造"……

七、场景阅读

场景阅读，是借助场景强大的"连接一切"的能力，充分释放出场景中个人的情感和价值诉求，进而激发个人的场景参与欲望，从而让人们在特定的场景中完成阅读活动。未来阅读，一切都将在场景中发生，沉浸在一个一个的场景转换中……

当下，已经进入VR/AR（虚拟现实/增强现实）时代，技术与审美的融通将彻底改变传统阅读方式。VR/AR技术的崛起让读者完全沉浸于各种"图式"符号场景里。网络在放大这些"图式"信息的同时，又通过构建虚拟的互联空间，为人们提供了崭新的场景阅读体验。同时也重塑了人们的阅读态度及情感认同，为未来阅读带来了一场全新的场景革命。

八、众筹阅读

众筹阅读是众筹在阅读教学拓展领域的一种应用与推广，是基于互联网平台和新媒体技术，由项目发起人（老师或学生）就与某一阅读相关联的项目内容在互联网平台上进行募集，其他人则根据各自的需求和意愿选择参与的众筹行为。应用于阅读教学的众筹阅读是共建、共读、共享式的场景阅读。

未来，万物互联必将给教育教学实践带来深刻的影响。人们的思维方式、生活方式等都将发生改变，阅读方式也同样如此，因此，我们不应再固守传统模式，而应不断地以一种全新的思维对其进行重构。在这种背景下，借助众筹思维及其理念，开展众筹阅读，创新阅读课程资源供给范式就显得尤为重要：有效缓和学生阅读需求与供给的矛盾，有效调动学生阅读的积极性和创造性。每一种阅读都有其存在的意义和表现形式，不了解阅读教育的形态变迁，就难以对万物互联时代的阅读教育教学变革进行准确判断，更难以理解和预测未来阅读变革的基本格局。

用创意阅读应对不确定的未来，从而更好地创造美好未来。未来阅读，一定是美好的。

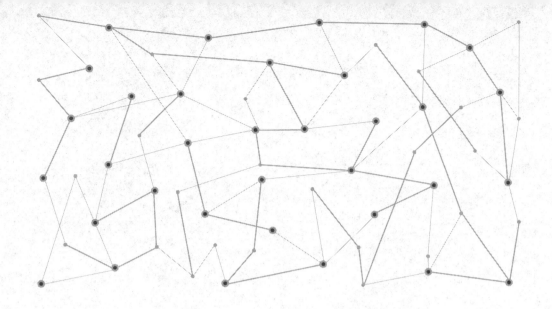

CHAPTER/2

第二章
未来阅读的理论架构

为未知而教，为未来而学。

——戴维·珀金斯

从经验决策向数据决策转变的过程中，大数据所带来的最大的变革在于思维、范式和方法的转变。

为未来而阅读，需要理论的支撑，理论源于实践的探索与提升。未来阅读没有"参考文献"，更多的是充满不确定性，充满挑战。

进入大数据时代，你是否已经发现我们的思维正在慢慢改变？诸多的不确定性正在影响并改变着我们看世界的思维……阅读样本的时代已经过去，全息阅读已扑面而来，正慢慢改变我们的阅读思维、学习与生活。

第一节
样本阅读到全息阅读的思维转变

大数据时代，全息阅读视"样本"为"总体"，即"样本＝总体"，对于文本的解读不再苛求精确性，而追求混杂性；也不再局限于"为什么"的因果诉求，转而寻找其中的相关关系。因为现成的知识与结论已经不需要我们再去论证。[1]当下及未来，我们需要做的是在全息阅读的范式思维变革下，发现与建构新的知识，培养洞察力，获得高峰体验以及必备的语文素养。

一、从全息到全息阅读

全息，就是指整体上的任何一部分都包含着整体的全部信息。在全息理念下，阅读文本被看作一个"全息系统"，文本内的所有元素都一定程度上包

---

[1] ［英］舍恩伯格，［英］库克耶.大数据时代——生活、工作与思维的大变革［M］.盛杨燕，周涛，译.杭州：浙江人民出版社，2013.

含文本信息，同时又能关联到文本以外的大量的信息资源。

全息阅读，用全息思维方式关照阅读全过程，并将文本作为一个研究主题，注重阅读教学前后的延伸与拓展，强化资源意识，视学生为教学资源的重要构成和生成者，教师为课堂教学过程中呈现信息的"重组者"，实现阅读教学过程中的互动和多元探究，从而更好地促进学生阅读素养的综合提升。

二、大数据与全息阅读

大数据时代，阅读有其独特的存在与表现形式，如下图所示。

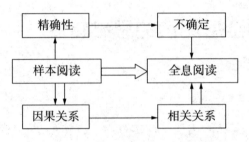

大数据时代的"阅读范式"变革线路图

"拥有，这是当今社会所独有的一种新型能力：以一种前所未有的方式，通过对海量数据进行分析，获得有巨大价值的产品和服务，或深刻的洞见。"① 既然是一种"前所未有的方式"，必然变革语文学习的思维。

全息阅读顺应了未来时代综合化教育的潮流，并根据人与言语的关系，借鉴全息理论构建了一种崭新的阅读范式。阅读的对象——文本同样具有全息性，其所涉及的内容极其丰富：自然、历史、人文、科技……上下五千年，纵横几万里，它们是社会的缩影，可以折射出整个世界。当下，世界正走向数据化，文本阅读将逐渐放弃传统的"定篇""例文""样本""用件"等选文局限，

---

① ［英］舍恩伯格，［英］库克耶.大数据时代——生活、工作与思维的大变革［M］.盛杨燕，周涛，译.杭州：浙江人民出版社，2013.

远离误解与遮蔽，选择收集全面而完整的信息，把教材作为例子，引领学生进行全息阅读。

三、大数据时代，样本阅读到全息阅读的思维转变

大数据时代，阅读文本就是阅读"数据"；阅读文本的过程就是搜集、整理、分析"数据"的过程，在这一过程中认识世界、发展思维、建构知识、形成能力、获得审美体验。具体表现在以下三个方面。

1. **文本解读：从"苛求精确性"向"追求不确定性"的转变**

阅读是学生的个性化行为。未来，学生的个性化阅读一定会成为可能，并主导着学生的阅读思维。彼时，学生对阅读资源全面完整地拥有也将成为常态。舍恩伯格认为，当我们拥有海量的数据时，绝对的精准不再是我们追求的主要目标。一旦拥有了大数据，我们不再需要对一个现象刨根究底，只要掌握大体的发展方向即可。当然，未来阅读我们并非完全放弃了精确度，只是不再沉迷于此，因为那时候适当忽略微观层面上的精确度会让我们在宏观层面拥有更好的洞察力。当前，文本解读更加呼唤思维变革，与时俱进，因为只有这样才能让每一个学生都能以适合自己的学习方式与节奏进行阅读。

（1）文本不再是单一的选文，而是多元大数据。

未来，海量的信息涌现，迫使阅读不能再仅仅局限于单一选文。视野即世界，信息即知识。如统编教材六年级上册第八单元的选文《少年闰土》《好的故事》《我的伯父鲁迅先生》《有的人——纪念鲁迅有感》都和鲁迅有关，给学生呈现了一个较为全面立体的鲁迅形象，选文只是个例子。登录百度，输入关键词"鲁迅"，立刻会有成千上万个关于"鲁迅"的词条出现，有文本、图片、音像等等构成一个庞大的"数据资源库"。呈现在我们眼前的已不仅仅是课文所介绍的关于鲁迅的一些简短的故事，以及纪念他的诗句，一个立体的、

全面的、完整的鲁迅将展现在我们眼前。对此,我们没有理由拒绝这些信息的出现。相反,我们应该重视,并迅速改变我们的思维——把原来的一组选文设计转化为一门课程(走近鲁迅)来教,树立课程意识,延伸课堂时间与空间,开展关于鲁迅生平、事迹、贡献等内容的一系列项目阅读活动与研究。充分利用这些在线信息进行全息阅读,形成对鲁迅的"全认识",其实这也是对教材选文在大数据时代的存在与表现的充分利用。

如今,我们很多学校的教室都安装了多媒体设备,网络班班通已经成为现实,"数据资源"就在我们身边,唾手可得,为何还要紧盯着一篇课文不放呢?一篇课文讲一两个课时的时代已经过去,用选文做例子、做引子进行全息阅读的大数据时代已经来临。每一个学生都是独特的"这一个"。未来,每一个学生都将拥有属于自己的"选文"以及阅读的范式,这必将成为现实。

全息阅读视"样本"为"总体",即"样本=总体"。尽管有时候我们很难做到,但博观约取未必不是过渡的好办法,重要的是培养学生"全阅读"的意识。虽然一节课只有40分钟,但是人的一生却有很多40分钟,我们完全可以用一生来阅读"这一课""这一门课程"。那时候,我们自然就会慢慢地不再依赖样本阅读,进入大数据时代极富建构意义的全息阅读。

(2)解读不再苛求精确性,追求混杂性。

受各种传统说法的影响,以及权威解读的束缚,一时间教科书、教参、网络解读、教案、课例等,成为教师解读文本的工具,无不囿于现成的认识或结论,向学生传递所谓正确的"标准答案"。过分追求文本解读的精确性,也曾一度让教学陷入僵化状态,当然这在应试时代是可以理解的,但在未来是不足取的。大数据时代不仅让我们不再期待精确性,也让我们无法实现精确性。因为执迷于精确性是信息缺乏时代和模拟时代的产物。[1] 未来,只有接受不确

---

[1] [英]舍恩伯格,[英]库克耶.大数据时代——生活、工作与思维的大变革[M].盛杨燕,周涛,译.杭州:浙江人民出版社,2013.

定性，才能拥有更好的洞察力，从而发挥每一个学生的主观能动性，打开一扇从未涉足的阅读世界的"窗户"。

"词不达意""诗无达诂""不求甚解"等都是古人总结出来的非常有价值的经验，所以过于追求"精确性"，必然会形成偏差和错误，所谓"过而不及"。在大数据时代，"钉是钉，铆是铆"式的"唯一的真理"更多的时候是不存在的。① 而且追求这个"唯一的真理"是对注意力的分散，会使我们失去从各个不同角度来阅读文本的权利。如萧红的《呼兰河传》，茅盾曾这样评价它的艺术成就：它是一篇叙事诗，一片多彩的风土画，一串凄婉的歌谣。阅读，我们就应该允许有这样的多元理解与价值诉求。同样是一部《论语》，于丹、易中天等人的解读便各不相同。既然这些大家都这样解读，又呈现出如此多元的见解，那么我们便没有必要用统一的、精确的答案束缚学生一定要读出《呼兰河传》叙事诗的味道来，"画"出多彩的风土画，"吟唱"一串凄婉的歌谣。我们如果能在学习《祖父的园子》（统编教材五年级下册）这篇课文时，为学生推开阅读《呼兰河传》这扇窗户就可以了，至于解读，"一千个读者就有一千个哈姆雷特"，网上有很多资源，虽然零乱，但是很丰富，博观约取，一定会充实他们的阅读理解与体验。因此我非常理解编者在这篇课文的课后所安排的"阅读链接"，其目的就是要为学生的阅读提供另一种视角。

混杂性是事物存在的本性，未来更是充满很多的不确定性。尽管在大数据时代可以供我们真正利用的信息只有5%，但是我们也不能忽视另外95%非结构化的信息。② 或许正是因为这些数据的存在与表现，让我们进一步了解事物的本质、本源，从而能更好地进行预测、猜想与理解。"在网络时代，知识容易得到，见识却未必容易产生。"方柏林在《知识不是力量》一书中如是说。尊重学生的独特体验，就是尊重学生的阅读猜想和阅读预判，就是在培养学生

---

① 张正耀.大数据时代语文教学思维之变革[J].语文建设，2013（31）.
② ［英］舍恩伯格，［英］库克耶.大数据时代——生活、工作与思维的大变革[M].盛杨燕，周涛，译.杭州：浙江人民出版社，2013.

的阅读洞察力和阅读预见力。

2. 阅读方式：从"在线对话"到"自组织"的建构

现实中，阅读范式的转型并非一定要进行彻底的革命性变革。阅读教学的变革与发展，与时代进步密切联结。新课标明确指出："积极倡导自主、合作、探究的学习方式""阅读是学生、教师、教科书编者、文本之间对话的过程"。但是在当前仅仅依靠对话已很难实现阅读素养的全面提升。因为课堂不再是阅读的全部场所，文本不再是知识的全部来源，阅读形态更多的是一种个体的自组织行为，即通过对大数据的全面阅读与深入挖掘，凭借已有的知识认知结构全息构建更加丰富、全面的知识认知结构。

（1）数据开放，"在线对话"更具"场效应"。

从目前的现状来看，互联网的普及意味着数据24小时全天候对外开放，其复制、传播、链接、整合更加方便，相同的一份数据，可以在不同的服务器上快速流转、重复使用，不同的数据可以互相整合、产生新的链接和效用，数据的价值也将在不断地被阅读、链接的过程中越来越凸显。每一个人都可以在自己家的网络端口获取这些信息。一段文字、一段视频、一段音频，都被称为"数据"，但其本身也是信息。未来，数据即信息，信息即数据。新课标要求："具备搜集和处理信息的能力，积极尝试运用新技术和多种媒体学习语文""应当密切关注当代社会信息化的进程，推动语文课程的变革和发展""学习浏览，扩大知识面，根据需要搜集信息"……如今学生是否具备搜集处理信息的能力将影响并改变着他们的未来学习和生活方式。

数据开放让阅读对话更具"场效应"。如课堂上我们阅读巴金的名篇《鸟的天堂》，就可以通过互联网把阅读视野直接切入到《鸟的天堂》纪录片的画面，场景再现，自然丰盈了文本教学的内涵与外延。不仅如此，关于鸟的天堂的文字、画面、视频、音频、评论等等，构成了一个庞大的"开放数据"，其中能为我们使用的有很多，且非常适合于学生阅读，为学生的阅读打开了一个开阔的世界。然而，很遗憾的是，在实际的阅读中，我们一直处于阅读文本、分析文本的较为封闭的状态，这些"开放数据"对于老师的备课，对于学生的阅读，很多时候一直处于"休眠状态"，没有被很好地发现、重组、扩展与应用。巴金笔下的鸟的天堂在浙江的天马河，大部分学生并没有去过，他们的好奇心和求知欲必然会让他们对这个地方产生兴趣，此时的文字插图是很难满足他们的阅读需求的，于是在线阅读，在线观看，在线对话……多种形式地参与互动，阅读的场效应必然生成。

"即使数据用于基本用途的价值会减少，但潜在价值却依然强大。"徐子沛对于数据的潜在价值的判断给我们的启发很大，这也告诉我们正是因为有这些潜在价值的存在，需要我们疏通与引导，在线对话，博观约取，吸纳内化，通过"全阅读"的方式来释放、提取并运用这些潜在的价值。

（2）数据量化，学习方式回归自组织。

一切皆可量化，阅读也如此。2013年国民阅读调查数据显示：成年国民人均纸质图书阅读量为4.77本、人均每天读书13.43分钟、人均每天上网50.78分钟……其中数字化阅读方式接触率较2012年上升了9.8个百分点。在国民的阅读倾向上：有66.0%的成年国民倾向于"拿一本纸质图书阅读"，15.0%网络在线阅读，15.6%手机阅读，2.4%在电子阅读器上阅读，1.0%下载并打印下来阅读。相比之下，2018年我国成年国民包括书报刊和数字出版物在内的各种媒介的综合阅读率为80.8%，较2017年的80.3%有所提升，数字化阅读方式（网络在线阅读、手机阅读、电子阅读器阅读等）的接触率为76.2%，较2017年的73.0%上升了3.2个百分点。图书阅读率为59.0%，与2017年（59.1%）基本持平；报纸阅读率为35.1%，较2017年的37.6%下降了2.5个百分点；期刊阅读率为23.4%，较2017年的25.3%下降了1.9个百分点。数字化阅读的发展，提升了国民综合阅读率和数字化阅读方式接触率，整体阅读人群持续增加，但也带来了纸质阅读率增长放缓的新趋势。另据资料统计，仅2014年就大约有6000万册图书被扫描成数字图书。这些都足以看出，在大数据时代，阅读渠道、阅读方式等都在发生着变化。当文字变成数据，所有的人都在根据自己的需要及兴趣用自己的阅读方式来获取知识。

随着信息学和行为学研究的深入，人们逐渐认识到，"教育真正的最高境界，是发掘学生自身原有的动力和天分"（傅佩荣语）。的确，新技术、新思维的不断融入，已经改变了信息和知识的传播方式以及理解程度，致使人们的学习方式也一并发生了根本性的变化。大数据时代，开放的社会和资源，进一步解放了学生的学习行为，越来越多的学生在内在阅读期待的驱动下，开始了基于自身需求的阅读，从简单走向混杂，从无序走向有序，从低级走向高级，从粗糙走向细致，不断地提高自身阅读的针对性、混杂性，这是全息阅读的具体表现。如新课标规定了学生的必读书目，很多学生在完成的基础上，已经开始了自己的"文化选择"——根据自己的兴趣及需求选择适合自己阅读的书目。一本《鲁滨逊漂流记》已经不再是"一本男孩子必读的书"，女孩子也在读，而且还拓展到读《格列佛游记》《徐霞客游记》等。群书阅读甚至延伸到读笛福的系列小说《鲁滨逊的沉思集》《辛格尔顿船长》等，这样的阅读让学生实实在在累积了知识，开阔了视野。量变必然引发质变。由此可能影响学生的一生，让他们的阅读有了选择、有了目标、有了成就感，他们也极有可能成为将来研究鲁滨逊、笛福的专家。如果仅以每本书 10 万字来计算，上述所列"群书"的累积已超过 50 万字，一年下来几个"50 万"是不成问题的。

未来，每年"400 万字的阅读量"也将不再是神话，"4000 万"都有可能，因为一切资源触手可得，相关的"大数据"无时无刻不在充斥着我们的阅读。而当学生的自组织能力被激活并被充分挖掘，阅读的量达到一定规模后，必然导致质变。那时，阅读的素养也就自然形成，知识也就自然建构起来了。

3. 策略建构：从"寻找因果关系"到"寻找相关关系"的颠覆

未来，阅读不再追求内在的因果关系，而是追求事物之间的相关关系。这种思维的转变将是革命性的，由此带来对当下小学语文阅读范式的颠覆与重构。因为那时我们确实已经没有必要非得知道各种现象背后的原因，只要知道"是什么"就可以了，凡事都要搞得清清楚楚反而会束缚我们的手脚，阻碍前行的脚步。"是什么"可以让我们更有预见力，这种洞察力足以重塑我们当下的阅读范式，满足未来阅读的需求。

（1）全息阅读，探求"是什么"，而不是"为什么"。

未来，由于信息的开放，学生在阅读时瞬间就可以触及创作者的时代背景、创作者独特的人生轨迹以及创作者在文本中蕴含的思想感情，这些相关的信息可以信手拈来，但要想弄得非常透彻精确却不是很容易，因为网络空间中复杂混合的相关信息太多。所以，正如舍恩伯格所说，在大数据时代，我们没有必要非得知道现象背后的原因，而是要让数据自己发声。在这种情况下，每一个文本都将是一个研究主题，阅读时把探究的触角向四面辐射，搜索相关信息，触发我们的联想与想象，从而更好地了解世界。

"消解因果关系"，休谟的推论值得我们思考：第一，一个原因可能会导致很多结果；第二，一个结果可能来自很多原因；第三，原因和结果之间没有必然的联系。譬如，先有种子存在，然后开花结果，但是也有种子不开花就结果的，因此开花和结果之间的因果关系就值得怀疑。这样的案例在我们的阅读教学中时常遇到，如阅读《盘古开天地》一文，我们经常会问学生："盘古为什么要开天地？"阅读《精卫填海》会问："精卫为什么要填海？"阅读《女娲补天》会问："女娲为什么要补天？"……阅读中真需要这些问题吗？事实上不一定。这三篇文章都是神话故事，对于神话故事的阅读，感受神话中神奇的想象和鲜明的人物形象是重点。故事已经发生，起因、经过和结果非常清晰，对此我认为，我们要读的是这个故事，此外，我们还要学会讲这个故事，传承这个故事，没有必要把时间浪费在这些"为什么"上。所以，我们的阅读不需要把思维固化在"为什么"上，我们应该引导学生去主动发掘与神话故事相关的内容，链接更多的资源，形成一个神话故事研究的课题，进行全面阅读，形成阅读报告，开展主题阅读交流。"相关关系很有用，不仅仅是因为它能为我们提供新的视角,而且提供的视角都很清晰。而我们一旦把因果关系考虑进来,这些视角就有可能被蒙蔽掉。"① 所以,很多时候当我们知道了"是什么"的时候,"为什么"是可以忽略的。因为,阅读不再是对已有知识或者结论的论证,而是在发现与建构新的知识。

(2)全息阅读,不是知识与结论的论证,而是发现与建构新知识。

可以预见,全息阅读因为不受限于传统思维模式和特定领域里隐含的固有偏见的影响,才会使得阅读能为我们提供深刻的洞见,我们才能有所发现,有所认识,并有所建构。未来,全息阅读有其自己的范式样态,如下图所示。

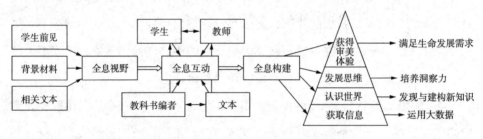

未来阅读的"全息架构"图

全息阅读建立在全息视野的基础上,拥有庞大的数据(学生前见、背景资料、相关文本等)作支撑,以及独特的视界期待,构成了一个以"学生、教师、教科书编者、文本"为教学组织结构的全息互动的对话场。阅读的过程就是全息发现与构建新知识,形成良好的阅读素养的过程。如上图所形成的"阅读金字塔",最底层就是基于大数据的挖掘、分析与运用进行阅读获取信息,从而发现与建构新知识,以此更好地认识世界、培养洞察力、发展思维,最终让每一个学生都能在自己的"塔尖"获得审美体验,从而满足各自生命发展的需求。

---

① [英]舍恩伯格,[英]库克耶. 大数据时代——生活、工作与思维的大变革[M]. 盛杨燕,周涛,译. 杭州:浙江人民出版社,2013.

未来，我们更多的阅读都将始于数据。大数据是一种资源，也是一种工具。因为这些数据资源的存在以及其工具的作用，全息阅读让我们发现了以前不曾发现的文本之间的联系。比如，当下每学期伊始，我们可以利用手中现有教材，组织学生先浏览全部文本，然后分头寻找相关信息，再指导组织学生进行信息的整合与重组，建立本学期语文学习的资源库。在统编教材的编写中，非常注重单元主题意识，其选文都是围绕着主题展开，并落实本单元的"语文要素"。如五年级上册第三单元是围绕着"民间故事"这个主题展开的，选编《猎人海力布》《牛郎织女（一）（二）》两篇课文和《口语交际：讲民间故事》《快乐读书吧》等，共同形成"民间故事"的课程体系，通过线上线下相关资料的搜集与重组可以对这个课程进行全息架构。虽然混杂，比较凌乱，但相比之前的凡事总爱问个"为什么"的因果诉求，转而寻找相关关系，更能培养学生的预见力与洞察力，激活学生的想象与联想思维，让他们都能在各自原有阅读的基础上有发现、有建树，获得高峰体验。

人类学家克利福德·格尔兹在其著作《文化的解释》中曾给出一个朴素而冷静的劝说："努力在可以应用、可以拓展的地方，应用它、拓展它；在不能应用、不能拓展的地方，就停下来。"我想，这也是未来我们面对一个新领域或新概念时所应有的态度。与时俱进，抓住当下传统教育向科学实证的重大转变这一契机，深入变革语文阅读范式，更好地响应教育转型的未来需求。

今天你跨界了吗？随着知识边界被打破，如今跨界已经成为一个很时髦的词，跨界阅读、跨界作业也因为互联网连接一切的功能日渐盛行。可能我们并没有觉察到，但现实情况是我们已经踏上了跨界之路……

第二节
阅读跨界与思维翻转的范式转换

知识边界的打破，是大数据、"互联网+"时代的一个显著特点。为此，深入洞察隐藏在大数据之中的趋势和相关性，寻求阅读教学的范式嬗型，以及可能的应用前景等，将成为未来我们探索与实践阅读的一个重要内容。跨界、翻转……在这些新鲜词语扑面而来的时候，考验的是我们对未来阅读形态及范式的前瞻以及预判。

一、跨界、跨界思维与阅读跨界

跨界的本质是联结和创新，跨界的形态最终是无界的。这就迫使我们从事物本质出发，形成多角度发现问题和提出问题、分析问题和解决问题的思维能力。大数据时代，与技术的重要性相比，跨界思维、连接思维、"互联网+"思维更重要。因为拥有跨界思维，就拥有了看待事物的大格局，就能多角度、全方位地进行决策，顺应未来发展大方向。

当前，阅读链已经被重新构建，阅读的边界日渐模糊，而阅读带给我们的是一种积极的跨界互联。跨界阅读不仅让学生进行着个性化阅读，更进行着个性化的表达创作。尤其是现在的一些阅读终端设备，充分利用了先进的云技术，实现了多终端的无缝阅读，并通过与社会化媒体的共享联动，在读者间建立良好的沟通链，使得我们在读书、找书、分享等环节的体验更为智能化和流畅化。

所以，未来阅读一定是大数据驱动的"阅读新时代"。

二、阅读跨界与思维翻转的创意实践

在基于阅读跨界与思维翻转的"互联网+"时代，发现并建构知识，洞察隐藏在大数据之中的趋势和相关性，寻求阅读教学的范式转换，以及可能的应用前景等，将为我们打开未来创意阅读的新路径。

1. 由"求因"转为"求联"，翻转阅读的思维形态

大数据时代的思维方式离不开大数据的支撑，大数据是大数据时代思维方式出现的源头和赖以生存的基础。[①]教会学生学会改变思维，是大数据时代教育的使命，也是未来阅读的价值取向。大数据时代，阅读范式的嬗变源于人的思维的转变，思维改变了，范式嬗型自然敞亮。用舍恩伯格的话说，"执迷于精确性是信息缺乏时代和模拟时代的产物……只有接受不精确性，我们才能打开一扇从未涉足的世界的窗户"。从"求因"向"求联"思维翻转，就是在为学生推开一扇阅读世界的"窗户"。

（1）"求联"思维驱动阅读范式的颠覆与重构。

未来，阅读将不再一味地追求内在的因果关系，而是追求事物之间的相

---

① 张燕南，赵中建.大数据时代思维方式对教育的启示[J].教育发展研究，2013（21）.

关关系，这种思维的转变是革命性的。从"求因"转为"求联"，由此带来对当下阅读范式的颠覆与重构。而之前"求因"却是我们一贯的教学主张与阅读思维模式，凡事都要弄个明白，不仅如此，甚至还有标准答案（教参等）左右"求因"的结果。以至于我们的阅读理解与感悟始终没有跳出传统思维的桎梏，尽管新课标一再强调"阅读是学生的个性化行为……要珍视学生的独特感受、体验和理解"，但一直都没有得到很好的体现。放弃对因果关系的渴求，取而代之关注相关关系。搞清楚"是什么"，比知道"为什么"更有实践意义。未来阅读的转型，需要这样的思维转变，但这并非让我们完全放弃对因果关系的追求，而是由于我们所面对的数据太大、太复杂，一时不能准确地做出判断，只好暂时放弃"求因"，转而通过数据分析，挖掘其相关关系，以寻得突破。待人工智能发展到一定程度，一些简单的、程式化的分析都将由机器（机器人）替代完成。

当下，所盛行的碎片化阅读、群文阅读就是在倒逼阅读范式的转变。如群文阅读的关键在于议题的确定，其实就是在寻找同一类文章在"文章内容、人文内涵、表达方式"等方面的相关性，确定主题并围绕主题精选文章，也就是在充分发挥大数据的"聚类"技术功能。统编教材在主题单元的设计上就很好地体现了这一点。如阅读《七律·长征》（统编教材六年级上册），在单元主题的关照下，可以采用"1+X"群文形态，补充阅读《丰碑》《草地夜行》《金色的鱼钩》等文章。此外，还可以充分利用网络搜索与"长征"有关联的碎片化信息，如毛泽东的长征组诗、长征影视作品等，可供阅读的碎片化信息不计其数，重在博观约取。可以说，碎片化阅读、群文阅读给我们带来了更多的自由的阅读和交流，同时也开阔了视野，了解了很多文本资源并自然而然地建构起了文本之间的相关联系，虽然不能一下子弄清楚，但可以帮助我们更好地了解长征的相关事件，这是深度阅读的一种范式表现，也是未来阅读范式变革的一种趋势。

（2）"求因"与"求联"的思维联袂，适合的就是最好的。

未来，是不是就不需要"求因"，而完全去"求联"呢？也不尽然。毕竟，相关与因果，并不是有你无我的关系；精确性与混杂性，也不是非此即彼的关系。究其理，用其利，避其弊，这是我们在重构阅读范式时不可不取的态度；也是我们接受外界思想文化时很容易缺失的态度。① 事实上，很多时候相关与因果、精确与混在同在，"求因"与"求联"并存，不偏不倚，中庸为上，只要是适合的就是最好的范式形态！

笔者在教学统编教材五年级上册《"精彩极了"和"糟糕透了"》时，围绕"阅读提示"中的"联系生活实际，说说你是如何看待巴迪父母表达爱的方式的"展开——

妈妈表达爱的方式是，一念完那首诗，眼睛亮亮的，兴奋地嚷着："巴迪，真是你写的吗？多美的诗啊！精彩极了！"爸爸表达爱的方式是，"我看这首诗糟糕透了"，并把诗扔回原处。对比一下，同一首诗，巴迪的妈妈和爸爸态度（表达爱的方式）却不一样，对此，我们要弄清楚为什么会出现这种情况，要通过对比朗读找到其背后的原因，这便是"求因"的过程。

虽然表达爱的方式是不同的，但都是在表达对巴迪的爱，他们的不同方式有内在的联系吗？我们看课文最后一段话——"我从心底里知道，'精彩极了'也好，'糟糕透了'也好，这两个极端的断言有一个共同的出发点——那就是爱。在爱的鼓舞下，我努力地向前驶去。"课文的结尾告诉了我们"精彩极了"和"糟糕透了"之间的内在联系，这便是"求联"，两种"极端评价"都在巴迪的成长中产生了深远的影响。这才是本文阅读理解的重点。

阅读，我们是要"求因"，但也要"求联"。因为在很多时候我们需要建立文本与文本之间的联系，必要时也可以对引发它们之间勾连的内容进行深入的探索，寻找原因和答案。虽然上面这个案例仅局限于"文本小数据"的"求

---

① 赵伶俐. 以"教学基本状态数据"为据——《大数据时代》对第二次本科教学评估的启示与警示 [J]. 现代大学教育，2015（2）.

因"与"求联",但也是对未来阅读范式转变的一个回应。未来,"阅读大数据"我们暂且可理解为"文本+",文本资源在放大,"求因"与"求联"的思维关系就更加密切,而作用于阅读范式变革的力量也就越大。

2. 由"数字"升格"数据",呈现阅读的过程状态

当下,随着笔记本电脑、平板电脑逐步进入课堂与生活,教材、教学活动等不断被网络化、数字化,学生的阅读过程也将逐渐趋向数字化。这期间,阅读的过程也被详细地记录了下来,对于这些数字的分析整合与挖掘利用,让我们走进了每一位学生阅读的真实状态。

(1)数据应用让我们走进每一个学生的真实状态。

未来,如何实现基于数据分析的阅读教学决策,从而让我们切实感受到阅读过程的真实存在与表现?实践证明,基于数据分析的决策将会使人类的有限理性得到最大限度的提高,达到因人而异的目的,更让因材施教成为可能。

如一次阅读理解测试,一生考90分,之前我们的认识仅仅是停留在"数字"这个概念,并根据数字对班级学生的整体阅读水平进行排序,从而给学生一个定量的评价。在大数据时代,我们一旦去分析与挖掘这"90分"背后所蕴含的元素,如阅读能力、阅读态度、阅读环境等,该数字就已经不是简单的"数字",而变成了"数据"。借助对数据的深度挖掘,我们可以对学生的已有学习准备、能力、兴趣等进行分析,并充分利用这些数据进行定制化、个性化的阅读指导,从而让阅读真实地发生。

(2)阅读让数据发声,展现阅读过程的真实存在。

恩格斯说:"世界不是一成不变的事物的集合体,而是过程的集合体。"学生的阅读素养是个"集合体",这个"集合体"只有在阅读等语文实践过程中积累起来。这个过程也是个量变的过程。没有量变就没有质变,没有一定的阅读数量,就没有一定的质量(阅读能力及语文素养)。因此,新课标对前三个学段的课外阅读总量要求较高,共145万字,各学段分别是5、40、100万字。

未来，一切都可以量化，甚至是可以通过可视来量化。很显然"145万""5万""40万""100万"都是一些可以量化的数字，但是究竟学生读没读，读了多少，读得怎么样，仅仅靠这几个数字是难以界定清楚的。而将这些"数字"转化为"数据"，对学生在阅读过程中所产生的数据进行分析、整合与挖掘，"学生究竟读得怎么样"这个难题就能迎刃而解。在大数据时代，学生在阅读的过程中留下一串串的数字碎片，如篇章文体的选择、批注反思反馈、同伴互动交流、究竟读了多少、读得怎么样、在哪个地方停留的时间最长、对哪个地方最感兴趣，甚至他们的表情如何等都将被一一记录下来。这些数据被整合、挖掘和分析后，会自己发声，学生的阅读过程也将被呈现出来。

不仅如此，大数据的预测功能，其核心价值还在于让我们根据数据的分析，"看到"学生的阅读方向以及阅读潜能，并能由此确定哪些信息（文本、碎片化信息等）更适合学生阅读，很好地实现了对学生未来阅读趋势的科学预测与判断。让数据发声，其实也是对大数据时代阅读期待的一种回应，很好地展现了整个阅读过程的真实存在与表现。同时，还能为每一个学生创设专门量身定制的阅读环境和个性化阅读课程，从而生成个性化阅读趋势预测报告，更好地为未来阅读范式的转型与变革提供决策依据。

3. 由"封闭"走向"开放"，构建"互联网+阅读"的创意形态

阅读的封闭，就是对人的封闭。目前，海量的网络信息正在颠覆着传统的阅读思维范式，这也预示着未来新一轮阅读革命的到来。大数据时代，"样本=全体"的思维转变，让"互联网+阅读"以其便捷的优势，吸引了越来越多的学生参与，也已成为未来的发展趋势。

（1）阅读边界即知识的边界。

当前，课堂的边界已经被打破，知识的边界也在不断地拓展，让始终处在保守封闭状态的教科书不得不对外敞开，单纯向学生传道、授业、解惑的传统范式必然被颠覆，很多学科课程以外的课程知识在封锁中突围并凸显出来。

从人类社会产生以来，知识就在不断增长，而且这种增长是加速式的，这种趋势在大数据时代表现得愈加明显。但是，在这庞大的知识体系中，往往只有一小部分相对稳定的知识进入课堂教学中。庞大的课程知识、网络化知识等都被拒之门外。对此，我认为，未来知识应该是"文本知识＋课堂教学知识＋课程知识＋网络化知识"的总和。

《知识的边界》的作者戴维·温伯格预言："网络化的知识，会让我们更加接近关于知识的真理。"[①]阅读很多时候就在于对真理的求知与悦纳。但是，对于"互联网＋阅读"的热捧，著名作家梁晓声却发出了不同的"声音"。作为国内最早拥有电脑的作家之一，他至今坚持用笔写作，坚持传统纸质阅读。他认为："传统阅读是无法取代的，完美的阅读方式应是二者的结合，既享受数字阅读带来的便利，也要继承传统阅读的优势，能在时代的匆匆脚步里静下心来，沉淀下来，深入思考。"未来，我们不是不要纸质阅读，不要深度阅读，而是要与时俱进，建立多层次的阅读观，引导学生正确对待碎片化阅读与纸质阅读的关系，巧妙利用在网络的角角落落中所遇到的那些链接。可以说就是因为这些"链接"从根本上改变了知识的结构，拓展了知识的边界，因而必然赋予未来阅读崭新的样态。

"阅读边界即知识的边界。""互联网＋"时代，阅读的范式转型因此改变，深度阅读的思维也因此不断深入。正如杜威所说："尽管一切思维的结果归结为知识，但是知识的价值最终还是服从它在思维中的应用。"所以，大数据、"互联网＋"时代为发展学生的思维所进行的阅读范式转变，也是对传统阅读观的一种改变与重新认识。

（2）"互联网＋阅读"，让个性化阅读始终在线。

2015年全国"两会"上，李克强总理首度提出了"'互联网＋'行动计划"。"互联网＋"概念一经亮相便引发社会高度关注，各行各业都在积极探索

---

① ［美］戴维·温伯格.知识的边界［M］.胡泳，高美，译.太原：山西人民出版社，2014.

与"互联网+"取得最佳融合的可能性,这给正在飞速发展的当代中国带来了颠覆性的变革。教育和其他传统行业一样,与互联网融合发展将是近来新的发展形态。可以想象,当下及未来,"互联网+教育""互联网+教学""互联网+语文"……这些开放式的思维范式将潜移默化地颠覆传统的教育理念、教学策略以及教与学的关系,使混合式学习、跨界阅读等成为主流。未来,阅读的边界一定是知识的边界。

据2015年7月颁布的《2014—2015年中国数字出版产业年度报告》显示,2014年中国读者数字化阅读方式的接触率为58.1%,已经超越传统纸质阅读率。而在2019年8月23日发布的《2018—2019中国数字出版产业年度报告》提到,截至2018年12月,我国网络文学用户规模达到4.32亿,占网民总数的52.1%。可见,"互联网+阅读"已经在慢慢地改变传统阅读模式。"互联网+"时代,阅读实现了"读者即作者"的双重身份合一,为学生的阅读与表达创作提供了更大的自由空间。学生不仅利用"网络数据"进行广泛的阅读,还创造了一系列可供参考与分析利用的"数据",这也正暗合了未来阅读的特征与需求。

如笔者利用"互联网+"思维,引导学生阅读《圆明园的毁灭》《少年中国说》(统编教材五年级上册第四单元)等文章,并在阅读的同时引导学生"互动跟帖",上传课前搜集的相关资料,发表自己的阅读见解与感悟,这些"数据"的产生为他人的阅读提供了参考,更为研究者提供了数据分析的依据。所以我们说,"互联网+阅读"范式让学生不仅仅是在阅读,还在表达创作;他们不仅是受益者,还是创造者。而且这种独具个性化的阅读范式始终处于"在线状态",学生一直将自己置身于相对开阔的视野中观察语文知识,思考语文问题,表达语文见解,从而建构自己的语文知识体系。目前,许多学校在探索电子书包、云学习、翻转课堂等,它们都是基于大数据、互联网的产物。当下,网络中海量的信息,不仅为学生提供了更大的学习空间,增加了学生独立学习的选择性,还为不同学生提供了个性化的学习机会与服务。

（3）跨界阅读，创生跨界阅读课程。

大数据、"互联网+"时代，传统的阅读链已被重塑，阅读边界日渐模糊。语文、数学、英语、科学、音乐、美术……打破学科边界、教师边界、学段边界、资源边界进行跨界统整，虽然这是一个很大的系统工程，但是因为契合时代发展的步伐，物化的成果还是很多，且有在很多领域已经发生了根本性的变化。如STEAM[①]课程，强调学生的跨学科、趣味性、体验性、情境性、协作性、设计性、艺术性、实证性、技术增强性九个核心理念，注重跨学科应用与整合，从而更好地促进学生解决生活真实问题的能力。

跨界的本质是整合。课程整合并不是创新，而是课程建设本来应该有的样子，至少涉及多个维度的跨界，如课程资源的跨界、思维方式的跨界等。其中，课程资源的跨界一般包括四个层面：超越学科、交叉学科、双向探究和"去学科"。具体表现为：超越学科主张超越学科的局限，补充或删减教材中的内容，让学科更好地为实现核心素养服务；交叉学科主张发挥多学科的"杂交"优势，可以是一个学科对另一个学科的丰富和强化，也可以是两个学科共同解决一个问题，还可以是寻找不同学科的共同目标；双向探究则是强调打通生活与知识的联系——生活探究学科化、学科探究生活化，课程与生活进行整合，绝不会错；"去学科"是跨学科的最高境界，摒弃一切学科标准的干扰，进入一种超然状态，从而开启阅读的生命旅程。

未来，跨界阅读更强调教师要拥有课程智慧，能够根据核心素养的需要，将天地万物、线上线下当作阅读资源，特别是不能囿于学科、囿于课本，而要根据自己的特长与学生的需求开发、建构课程，打破学科界限，拓展思维边界，整合、建构、创生优质阅读课程资源。实践证明，当课程走向跨界，核心素养才能很好地落地。所以，未来阅读带给我们的，是一种积极的跨界互联

---

① 科学（Science）、技术（Technology）、工程（Engineering）、艺术（Art）、数学（Mathematics）的英文首字母缩写。

跨界阅读改变了我们对世界的认知。跨界阅读不仅让学生进行着个性化阅读，更进行着个性化的表达创作。

大数据时代，阅读教学范式的转变已经突破了传统的思维惯性，呈现出多层次、多形式、多内容的跨界合作的整体状态。其中，互联网是载体，大数据是内容，分析应用是工具，阅读创新是结果，从而形成覆盖全课程、全生命的生态阅读范式嬗型。而阅读范式的转变，关键是人的改变。人类由抽象的数字存在转变成更加实体的数据存在的未来，人的行为的改变，成为阅读范式嬗变的重点。因为未来课堂不再是知识的"独家代理商"，人的思维的解放才是教育的本质所在。"物质是不变的，而在变化的是我们。"（梭罗语）所以，未来阅读范式转型的背后，是人们阅读、观察、体验、思考或分享的思维改变了，而阅读的本源、本质、本体与本真却始终没有改变。更为重要的是，未来，学生阅读的核心素养真正得到了充分落实与发展。

> 技术的力量在于改变世界。我们必须正视的是，目前技术改变教育教学的力量并没有完全得到释放，相比其他行业，慢了许多，很关键的一个原因，就是我们的思维还没有改变……

第三节
思维转型与技术升级的教学意义

大数据、"互联网+"时代，思维的转型与技术的升级，使得整个教育教学也正悄悄地发生着变革。挖掘思维转型与技术升级的教学意义，为阅读范式转变提供决策依据，其目的就是要让"阅读是学生的个性化行为"成为现实，初步形成未来阅读的样态与格局。

一、思维转型，未来阅读呈现新格局

大数据、"互联网+"时代，社会正在发生着巨大的变化，并直接影响了人的思维变革。思维的变革，必将直接影响到学生的阅读生态，并赋予阅读教学新的意义，使其呈现新的格局，具体内容见下表。

互联网思维	教学意义
用户思维	用户思维是互联网思维的核心。对教学而言，用户即学生，学生既是"消费者"，也是"生产者"。所体现的就是以人为本的理念，教学应满足"用户"（学生）的生命需求与发展。
平台思维	平台思维对于企业的启示是在打造一个多主体共赢互利的生态圈；对教学的启示就是要建立一个师生、生生交流展示的互动（交互性）平台。
跨界思维	跨界思维是以跨越自身学科、专业界限的知识及思维，多视角、多层面地审视问题、解决问题并指明事物未来发展方向的一种思维方式。对教学来说，要找准学生的需求，引导跨界，进行无边界学习。
迭代思维	迭代思维是一种不断地、反复地变革与创新的思维。教学范式的形成过程就是一个迭代思维的变革过程，需要在教学实践中不断地省察、跟进，捕捉学生的需求，快速决策与变革完善。
创客思维	创客思维即创新思维，引导学生根据自身特点，找到适合自己的学习方式和方法，进行创造性学习，发展思辨性思维，让学生以批判的思维方式去看待自己、看待世界，培养创客精神。
场景思维	场景思维强调万物互联，对教学的启示是：联结真实世界的阅读内容，协同解决问题，个性化阅读。"互联网+"时代的阅读，走心的不再仅仅是文字，还有与读者相关联的场景。
众筹思维	众筹思维是一种以小博大的策动思维，将众筹及众筹思维运用于阅读教学之中，对当前阅读课程资源进行优化与重组，这样能更好地实现阅读课程资源的精准供给，最大限度地满足学生的阅读需求。
大数据思维	大数据思维的本质是充分理解数据的价值，把握"不是随机样本，而是全体数据""不是精确性，而是混杂性""不是因果关系，而是相关关系"的要义，进而通过挖掘与利用数据创造价值。对于阅读教学而言，就是要用大数据思维去挖掘与阅读相关大数据的潜在价值。
……	……

"互联网+"时代所衍生的互联网思维，其表现特征非常具体鲜明，如用户思维、平台思维等，在今天已经烙印到我们的意识形态之中，赋予其"教学意义"，必然对教学（阅读教学）产生一定的作用，并推动阅读范式的转型发展。

二、技术升级，未来阅读迎来新常态

技术的力量在于改变世界。从古代的印刷术到当今的数字技术，技术用于教学，不仅是信息媒介在变革，更重要的是学习的思维与方式也发生了颠覆性的转变。未来，技术的核心是解放，本质是服务。技术与教学的深度融合是课程形态发展的时代需求。

1.技术解放了人，释放阅读潜能成为可能

被技术解放的人，包括学生和教师。翻开历史，我们会发现在教育领域，几乎是每一次媒介的技术革命之后，一定会诞生一些伟大的教育家，如诞生竹简之后的孔子、诞生草纸之后的柏拉图、诞生印刷术之后的朱熹、诞生油墨机和铅字印刷术之后的卢梭和洪堡德等等，这是因为技术解放了他们的创新精神，帮助他们抛开大量重复繁琐事务及劳动，他们能够集中力量做好一件事情，并因此做到了极致。这就是技术的力量，让人的潜能得到充分释放，并创造价值。近代教育家陶行知提出了"六大解放"，在历经数载之后的大数据、"互联网+"时代，技术将彻底解放学生的头脑（思维）、双手、眼睛、嘴巴、空间和时间，"六大解放"在未来一定会彻底得到实现，那时候人的学习方式也会相应发生根本性的变化。未来，技术的升级与深入也必将实现对人的生命存在与表现的完整确认，充分释放师生的潜能将逐步成为可能。

2.技术解放了课堂，重构阅读样态化为内需

被技术解放的课堂，正在发生静悄悄的革命：支架走向网络，信息走向聚合；传统走向现代，配置走向集约；对话走向交互，虚实走向融合；决策走向数据，技术走向服务……技术正在改变着学生的课堂学习方式，乃至生存状态、生命需求。用苏加特的话来说："未来的数字化时代不再需要语文，不再需要数学，大家需要的是：第一是阅读，第二是搜索，第三是辨别真伪。"如

今，电子书包、云阅读、翻转课堂等，都是大数据时代技术解放课堂的"产物"。正在发生的教学变革也并不是要把我们传统的课堂简单地搬到网络上，而是让新技术解放学生本来就有的学习潜能，让技术从教师端走向学生端，围绕学生的知识习得和知识建构进行技术分解与支持，重构"技术支持学习"的课堂教学新样态。

3. 技术解放了知识，实践跨界阅读变成现实

技术在解放了人与课堂的同时，也解放了知识边界。2019年10月20日，第六届世界互联网大会举行新闻发布会，发布了《中国互联网发展报告2019》。报告显示，截至2019年6月，中国网民规模为8.54亿人，互联网普及率达61.2%，网站数量518万个。可以预测，未来，技术用于教学之后，必然"倒逼"人们思维的转型。对此，比尔·盖茨曾预言："5年以后，你将可以在网上免费获取世界上最好的课程，而且这些课程比任何一个单独的大学提供的课程都要好。"没有门槛，没有围墙；跨越国界，超越民族……任何时候、任何地点学生都可以获取任何一所学校、任何一位老师的课程，知识的多样性、开放性和交互性的特点，为跨界学习构建了一个开放的网络大课堂。如今，基于互联网的移动学习、混合学习、泛在学习等学习模式让比尔·盖茨的"预言"已变为现实。

对此，魏忠认为："信息技术解放了一些具有创新精神的老师，使他们抛弃了大量重复的劳动而将精力集中在教师的核心功能，这就是技术的解放力量。"所以，技术与教学的深度融合，技术主要在发挥着"信息沟通"和"脚手架"的服务与支持学习的作用；聚焦人的发展，重要的是人的思维解放，以及面向未来发展学生核心素养的课程体系构建。

三、"思维转型"与"技术升级"作用下的未来阅读范式变革

大数据、"互联网+"时代，阅读范式的变革是思维的变革，思维转型是阅读范式变革的根基，思维不改变，范式形态就很难转变；技术的本质是服务，教学范式的变革需要技术支持，没有技术支持，改革很难深入。

1. 思维转型与技术升级引领未来阅读改革新方向

当下与未来，发展学生核心素养是改革的核心任务，也是学习方式变革的重点。《中国学生发展核心素养》明确提出："能自觉、有效地获取、评估、鉴别、使用信息；具有数字化生存能力，主动适应'互联网+'等社会信息化发展趋势……"当前，阅读范式的改革应跟进这种变化。因为"核心素养的引领旨在给技术一个明确方向，将技术对传统课堂的教师、学生、知识、关系四大要素的变革落实在学生核心素养的持续提升上"[①]。同样，发展学生核心素养也迫切需要阅读教学范式的变革，基于信息意识、技术运用、全球视野等目标指引以及"互联网+"、移动技术支持的数字化阅读、创客阅读、泛在阅读等个性化阅读方式正在逐步引领阅读改革的方向。对此，必须与时俱进转变思维，理性看待技术将带来的新的可能与挑战。

2. 思维转型与技术升级重构未来阅读新范式

大数据、"互联网+"时代，思维转型与技术升级不仅瞻望着改革的方向，也满足了学生个体存在的"真实需求"。探索与构建思维转型与技术升级共同作用下的阅读教学范式变革，旨在改变当下课堂教学的形态，发展学生核心素养。

---

① 王凯，李敏. 技术撬动学习方式变革的思考与突破[J]. 中小学管理，2016（7）.

（1）项目阅读：开启"问题化阅读"思维空间。

"总有人知道你的问题的答案。"大数据、"互联网+"时代，"百度知道"与"新浪爱问"都是用户自己根据需求提出问题，通过搜索或通过悬赏机制发动其他用户回答，来得到该问题的答案。可以说，这样的形式为阅读的项目建构提供了大量的信息资源、智慧共享的平台与互动交流的空间，构建了"基于网络的问题化阅读范式流程"，如下图所示。

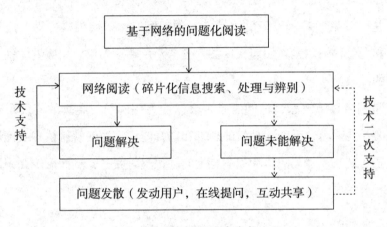

基于网络的问题化阅读范式流程

带着问题，借助技术的支持寻找问题的解决路径及答案，问题化阅读充分体现了"阅读是学生的一种自组织行为"的阅读理念。让学生将知识和技能置于一种"特殊环境"（生活与网络的融合）中去学习与发现，并充分借助技术支持提升解决问题的能力，这也是未来必须具备的一种核心能力。如我们在引导学生探讨"圆明园的毁灭"这个话题时，统编教材五年级下册《圆明园的毁灭》的选文阅读仅仅是个"引子"，课后学生所展开的却是一个典型的"基于网络的问题化阅读"的案例：百度搜索词条"圆明园的毁灭""火烧圆明园""圆明园"，窗口立刻出现若干条目，其中"百度百科——火烧圆明园"所提供的"优质解答"，给我们提供了一个全方位的了解渠道，从"背景、过程、结果、后续、圆明园劫"五个方面向我们介绍了"火烧圆明园"的相关资料。

"为什么要火烧圆明园""圆明园为什么会被烧毁""揭秘：为什么被烧的是圆明园？""圆明园被烧毁的真实原因"等问题与信息，构建了一个供参考与共享交流的平台。"让学习更简单！"这是"百度·作业帮"的广告词，也是当下基于网络与现实生活所构建的项目阅读的一种新的课程形态。作为教师，我们要敢于面对并接受这样的事实，同时也必须关注与思考如下几个问题：

一是问题化学习的终极目标是什么？即通过问题化学习最终让学生获得什么？是主动探究的精神，还是系统思考问题的关键能力？

二是当学生面对一个新的情境、新的问题时，如何独立应对？应持何种态度，具有怎样的思维？如何获得技术支持？从哪里入手？用哪些方法？追求什么样的结果？

三是网络环境复杂，真问题是否会演变为假问题，纯真的心灵是否会被网络侵袭？儿童尚缺乏阅读品质的甄别和选择能力，如何规避快餐式阅读？如何让冗长、复杂、零乱的碎片化信息为问题化学习服务，从而形成知识的系统建构？

……

技术支持学习。"基于网络的问题化学习，其价值并不仅仅体现在网络的丰富资源、无限的协作空间，所能提供的帮助交流的通讯工具、记录思维的认知工具、情境体验的建模工具，以及知识管理的系统工具，其最大的价值则是网络学习共同体所构建的一种新课程实践形态——共享与协商。"[①] 这是大数据、"互联网+"时代，给予阅读教学新的挑战，也是未来阅读的价值取向。

（2）创客阅读：构建阅读支撑的深度学习。

未来，学生到哪里，阅读就会在哪里发生。当前，很多高校的学生已经实现阅读的时刻在线状态。而培养学生的创客思维，关键要引导学生根据自身

---

① 王天蓉，等.问题化学习：教师行动手册（第二版）[M].上海：华东师范大学出版社，2014.

特点，找到适合自己的学习方式和方法，像创客一样进行创造性学习。因为衡量创客阅读的核心指标不是"我知道了"，而是"我做到了"。显然，创客阅读不是简单的网上碎片化阅读，而是一种借助技术支持的阅读再实践与再创造。创客阅读的范式流程下图所示：

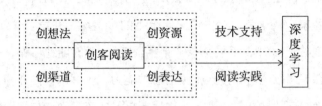

创客阅读范式流程图

具体可以归纳为以下四个方面：

一是创想法。阅读着，思考着，"我思故我在"，并将自己的新想法付诸实践，这对学生来说人人能行，个个可为。

二是创资源。建构个人阅读资源系统，包括网络、博客、论坛、微信等话语圈，并能够不断地整理属于自己的原创资料（资源）。

三是创渠道。借助技术支持建设与外界互动交流的对话平台，开辟与创造发表个人阅读见解的新通道，如写博客、发微博等。

四是创表达。在阅读中发声，让思想在网络间传递，充分彰显阅读个性，让学生在阅读与表达中成为独特的"这一个"——真正的创客。

"四创"不仅体现了创客的一种阅读实践、思维和品质，也揭示了创客走向深度学习、深度阅读的一种路径与可能。如阅读《金字塔》（统编教材五年级下册）这篇课文，教材已经为学生呈现了两种认识金字塔的不同方式:《金字塔夕照》以散文的形式，运用优美细腻生动的语言介绍夕阳下金字塔的美景……《不可思议的金字塔》则以说明文的形式介绍了"最大的金字塔——胡夫金字塔"和"建造金字塔的古埃及"等情况，语言朴实简练。该篇选文以这样的形式出现，应该说也是一种创新。更值得学生探讨的是后面的"阅读提示"——"金字塔是如何建成的？我能借助课文内容，大胆推测。"应该说这就是一种非常具有代表性的创客阅读的发迹，我们可以借此开展系列研究性学习活动，以此更好地来印证我们的猜测，将创想变成现实。如将选文内容进行梳理与架构，创建个性化的"《金字塔》专题学习网站"，链接"百度百科"等；利用微信平台建立"《金字塔》公众号"并定期更新内容；去"金字塔吧"参与讨论"名家、科学家、考古学家等笔下的金字塔"并发表"创见"，甚至可以下载百度贴吧 APP，手机登录"金字塔吧"，随时随地看帖，关注"金字塔吧"的动态等。以此培养搜索相关信息的能力，挖掘出其内在相互关系，共同作用于深度阅读的展开与深入，建构属于自己的资源网络与知识体系。

（3）泛在阅读：无限地拓展阅读的边界。

大数据、"互联网+"时代，所催生出的功能强大的阅读社交网站，为学生提供了前所未有的资源利用良机，推动着数字时代知识信息的多维度获得、存储与编辑。学生可以突破时空的限制，随时随地地借助各种各样终端设备进行阅读与检索。显然，泛在阅读，属于一种开放的无边界阅读，融检索、解释、整合、反思、评价等阅读策略于一体，让每个学生都可以通过"阅读+"的思维范式，连接他们的学习与生活、社会与世界。其范式样态下图所示：

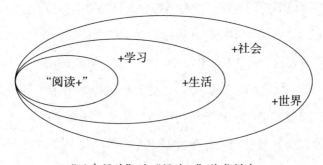

"泛在阅读"的"阅读+"范式样态

未来，随着技术的发展，大数据、"互联网+"提供的不仅仅是资源，还有技术支持、实践时空与平台、和现实社会接触的"窗口"。

一是，泛在阅读保证了儿童有足够的合适书目。

如今，技术的升级、思维的改变很好地实现了从翻阅厚厚的百科全书等大部头到指尖上检索的跳跃，"要百度不要《辞海》"，百度、谷歌、搜狐等搜索引擎让我们"直通"豆瓣读书，从而便捷地找到适合自己阅读的书目，而且还是海量的，足够学生去遴选。这也是对学生大数据、"互联网+"时代各种信息（书目）甄别与选择能力的一种挑战。

二是，泛在阅读营造了儿童自由阅读共享的平台。

"互联网+"时代，社交型阅读社区已经形成，如大佳网"书客"，就是通过阅读、分享、交友三大模块，建立了书与书、读者与书、读者与读者、读者与作者之间的交互式网络模式。可以说，未来学生阅读社区的建设让阅读不再孤独，也将从根本上突破班级阅读、书友会的限制，分享更加自由。泛在阅读，将成为当下学生阅读的趋势与表现新常态。

三是，泛在阅读推开了儿童自由看世界的门户。

未来，学生还可以借助引擎、标签、关键字等方法寻找到自己感兴趣的书籍和信息，作为用户还可以根据自己的需求选择，随时跟进、变更与关注信息发展动态，定制相应的服务菜单和服务提供方式。"指尖上也有大世界"，阅读行为日趋生活化、社会化、全球化，而这一切都将改变人们的学习、生活等思维方式。泛在阅读已经为儿童推开了一扇看世界的门户，他们的心境和视域也正在逐渐向世界打开。

在大数据、"互联网+"时代，阅读社交网站正逐步成为泛在阅读的重要利器，是阅读史发展上的一个重要节点，也是当下以及未来阅读范式变革的一种前沿表现。

站在大数据、"互联网+"的时代背景下来观察、考量和实践思维转型及技术升级的教学意蕴与现实意义，其目的就是与时俱进，让每个学生都能享有舒适的阅读媒介，形成适切的阅读策略和能力，从而更好地促进未来阅读的范式转型与发展，让学习和教育真正回到人和生活中来，发展核心素养，丰厚生命底蕴。

未来，阅读将被重新定义。场景连接了一切，众筹实现了资源的精准供给。你是否感觉到今天的阅读已发生了变化？沉浸式阅读，个性化体验……阅读的课程变化已经出乎我们的想象，但这一切又在意料之中。

第四节
场景应用与众筹思维的课程价值

未来，一定是万物互联的时代。

万物互联，给教育教学实践带来了深刻的影响。人们的思维方式、生活方式等都发生了改变。阅读方式也同样如此，不再固守传统模式，而是不断地以一种全新的思维对其解构与重构。在这种背景下，借助场景、众筹思维及其理念，开展场景、众筹阅读，创新阅读课程资源供给范式就显得尤为重要。

一、万物互联时代，阅读教学变革呈现新的课程格局

不了解教育的形态变迁，就难以对万物互联时代的教育教学变革进行准确判断，更难以理解和预测未来教育教学变革的基本格局，当然也包括阅读的课程形态变化。

1. 教育形态的变迁，致使阅读教学变革已经发生

从原始社会，到农耕社会，再到当下万物互联时代，社会的变革必然带来教育教学的革命，以及学习内容、学习方式与学习环境的形态变迁，如下表所示。

项目	原始社会	农耕社会	工业社会	信息社会	智能时代
学习内容	生存技能 部落习俗	农耕知识 道德规范	制造技能 科学知识 人文素养	信息素养 自主发展 社会参与	学习能力 设计创造 社会责任
学习方式	模仿 试错体验	阅读 吟诵领悟	听讲记忆 答疑解惑 掌握学习 标准化	混合学习 合作探究 联通学习 差异化	泛在学习 协同建构 真实学习 个性化
学习环境	野外 不确定性时间	书院等 固定时间	学习、工作场所 确定性时间和教学周期	学校 网络空间 弹性时间	无边界的 任意地点 任意时间

可见，在万物互联时代，智能技术的支持和阅读资源的极大丰富将使得在任意时间和任意地点都可以进行阅读。而此刻人们需要的是联结真实世界的阅读内容和协同解决问题以及个性化的阅读方式。

2. 思维形态的创新，促使阅读范式变革正在发生

未来，基于众筹、场景等学习行为被重新定义，成为一种思维方式，甚至是一种生存状态。其中，众筹是一种大众通过互联网相互沟通联系，并汇集资金支持由其他组织或个人发起的活动的集体行动，简而言之，众筹思维就是一种以小博大的策动思维；而场景，则指在特定时间空间内发生的行动过程，并将不同群体中不同个体连接起来，满足了个人和社群个性化、多元化的消费体验。概括来讲，场景思维就是一种万物互联的连接方式。借助万物互联的策

动与推动，众筹阅读、场景表达等阅读范式的构建正在形成。

3. 实践形态的进化，促使个性化阅读即将发生

"互联网+阅读"背景下，如何落实阅读教学范式的转型？对比工业时代，万物互联时代的阅读实践形态发生了很大变化。倡导与推动众筹阅读，就是要借助众筹思维构建"知识节点之间通过互联而产生的知识网络"，形成以"个性化阅读方式为导向"的阅读场景，构建以"信息化互联环境为支撑"的众筹阅读和场景表达深度融合的"个性化的阅读范式"，以此来更好地推动未来阅读的进程，培养适应时代发展的数字公民。

二、万物互联时代，场景阅读的存在与表现

1. 何为场景

《现代汉语词典》注解：场景，指戏剧、影视中的场面，泛指情景，即指在一定的时间空间内发生的行动过程，或者因人物关系构成的具体画面。万物互联时代，场景被重新定义，成为一种思维，甚至是一种生存状态。场景强大的连接能力使其成为互联网入口的重要方法论，借助于万物互联的推动，场景革命正悄然而来。

2. 阅读场景与场景阅读

书卷阅读与指尖浏览，到底哪种阅读能通向未来？这个问题不仅关乎阅读方式的选择，更有着深刻的时代烙印。因为，阅读场景的变化，必然会引发一场知识领域的大变革，传统的载体——书籍上的知识信息飘浮了起来，成为碎片化的存在。网络放大了这些信息碎片，并通过构建虚拟的阅读空间，为人们提供崭新的场景阅读体验。如微信朋友圈和微信群，就是典型的虚拟阅读空

间，通过微信好友这一"装订方式"，把人群聚集起来，形成信息交互的互联空间，从而吸引受众的注意力和好奇心。

3. 万物互联时代，场景应用的课程意义

"互联网+"是一个场景复兴、万物互联的时代。仰望星空、小桥流水的悠然场景消失，取而代之的是虚拟现实、可穿戴智能设备等，新的连接方式颠覆了传统阅读的观念，基于碎片化场景的快速造物和连接成为未来阅读的新格局，重塑着人们的阅读态度及情感认同，为阅读教学领域带来了一场全新的场景革命。场景应用是传统阅读在互联网时代转型的关键，也是未来阅读的重要载体。

三、众筹阅读：创新阅读课程资源供给范式

未来，智能技术的支持和阅读资源的极大丰富，使得在任意时间和任意地点阅读将成为可能，人们需要的是联结真实世界的阅读内容和协同解决问题的个性化阅读的方式。

引入众筹及众筹思维，倡导众筹阅读改革，旨在与时俱进，丰富阅读范式的内涵与外延，促进未来阅读教学范式的转型发展。

1. 众筹及众筹思维的教学意义

众筹是随着互联网金融的发展而产生的一种全新的项目融资模式，一个典型的众筹流程通常如下页图所示[1]。

---

[1] 胡一夫，谭小芳. 众筹时代［M］. 北京：北京理工大学出版社，2015.

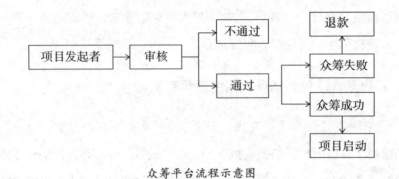

众筹平台流程示意图

众筹主要由发起人、支持者和平台三部分构成，其低门槛、多样性、依靠大众力量和注重创意的特性，使其在"互联网+时代"迅速发展壮大起来。[①] 众筹不仅是一种商业模式，还是一种思维方式。众筹思维并非一种新生事物，自古以来就存在，也就是人们所常说的"凑份子"，只是到了2014年"众筹元年"确立之后，越来越多的人将众筹及众筹思维运用到各个领域。将众筹及众筹思维运用于阅读教学之中，是对当前阅读课程资源的优化与重组，这样能更好地实现阅读课程资源的精准供给，最大限度地满足学生的阅读需求，有着积极的教学实践意义（如下表所示）。

众筹特征	阅读教学的实践意义
低门槛	任何一个学生（包括老师），只要有想法有创造能力都可以发起阅读众筹项目，以此来满足每一个学生的阅读需求。
多样性	阅读众筹的方向具有多样性，内容具有丰富性，阅读可选择的空间大，阅读跨界成为可能。
依靠大众力量	每一个学生都能参与到阅读内容（书目）的推荐，阅读课程资源因每一个人的参与而更加丰富；他们既是支持者，也是受益者。
注重创意	每一个学生都有展示自己创意阅读的平台，并与大家分享，且具有很强的可操作性。

---

① 大卫华.众筹思维：打造中小企业产融新模式[M].北京：中国财富出版社，2015.

综上，众筹阅读是众筹在阅读教学拓展领域的一种应用与推广，是基于互联网平台和新媒体技术，由项目发起人（老师或学生）就与某一阅读相关联的项目内容在平台上进行募集，其他人则根据各自的需求和意愿选择参与的众筹行为。应用于阅读教学的众筹阅读是共建、共读、共享式的场景阅读。

2. 万物互联时代，众筹阅读的课程形态

万物互联时代，众筹阅读所"筹"主要是阅读的课程资源，包括阅读的圈子、主题和渠道等（详见下表）。与传统的阅读相比，阅读课程资源的众筹以全体师生参与为基础，以互联网为平台，是基于大众支持的课程供给，其内容的多样性、丰富性以及独特的创意，让整个阅读课程资源更博大，更具黏性。

众筹阅读	课程形态	
	形态描述	课程目的
筹"阅读圈子"	集众人之圈子，筹划阅读圈，让课程发起者与学习者共同参与；圈子即资源，阅读即交际，阅读课程即交际分享的课程。	最终目的则是整合人力、智力、渠道等资源，构建众筹阅读生态圈。
筹"阅读主题"	集众人之智慧，筹划阅读主题，发起主题阅读项目，开展主题阅读活动，形成相关主题阅读课程资源。	
筹"阅读渠道"	集众人之渠道，筹划阅读平台，开辟阅读渠道，实现跨界阅读，丰富阅读课程资源。	

阅读课程资源众筹，由于课程发起者与学习者共同参与，使得未来阅读不再是一个单项的输入过程，整个阅读过程中学习者也可以参与到阅读课程资源的建构与发布中来。所以，在整个阅读过程中，无论是谁，只要能围绕着阅读主题提出自己的创意都可以发起项目，并通过众筹平台的审核，就可以在班级或个人的互联网页面上展示自己的创意，从而构建与丰富阅读的课程资源。

3. 众筹阅读，创新阅读课程资源供给范式

万物互联时代，课程供给的范式变革，主要是基于未来学生的阅读新诉求和网络技术发展的新趋向，阅读课程的供给范式能有效缓和学生阅读需求的增长与资源供给不足之间的矛盾，调动学生阅读的积极性和创造性。

（1）筹互联：从"知识节点"到"知识网络"。

互联网的本质是一种连接：百度连接人与信息；京东连接人与商品；美团连接人与本地生活服务……连接一切的众筹思维，正在慢慢地变革着阅读的课程资源供给范式。然而在"互联网+阅读"背景下，要落实阅读课程资源的供给转型，必须聚焦和回答好"读什么""怎么读""在哪读"这三个最基本的问题（如下表所示）。

聚焦	关注点	实践形态的进化比析	
		工业时代	万物互联时代
读什么	人才培养目标 阅读内容	基础知识和基本技能 班级授课制下以课文为载体	以数字公民培养为核心 通过互联而产生的知识网络
怎么读	阅读方式	"双基"阅读	以个性化阅读方式为导向
在哪读	阅读环境	封闭式校园	以信息化互联环境为支撑

读什么关涉的是阅读课程资源的供给。对比工业时代，万物互联时代的阅读实践形态发生了很大变化。以培养数字公民为核心的万物互联时代，阅读的课程资源不再仅仅局限于现有的文本资源，"互联网+阅读"、泛在阅读、跨界阅读等在迅速兴起并呈快速发展趋势。所以，创新阅读资源供给范式，就是要发挥万物互联的优势，构建众筹阅读课程平台，从而连接起课内与课外、线上与线下一切可以整合利用的课程资源（如下页图所示），切实解决好"读什么"的问题。

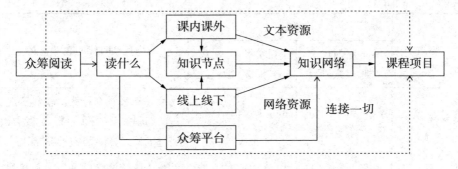

"众筹阅读"的课程资源架构网络图

知识从"节点"到"网络"的互联融合，体现了连接一切的众筹思维，串起来了课内课外、线上线下的各种资源，最终形成大家所共识、共读与共享的阅读课程项目。如阅读海伦·凯勒，师生很容易收集到《假如给我三天光明》等课程资源。但这样的阅读仅仅是"知识节点"的串联或交流。此时我们就可以发挥众筹连接一切的思维，通过项目众筹，连接网络资源，甚至是一些碎片化信息，相机整合融入阅读海伦·凯勒的课程项目中，如"网络书评"——《用爱与勇气拼写"我的生活"》《一本关于教育的"文献纪录片"》……虽为碎片化信息，但是整合到整个课程项目中，就成为一个不可分割的课程整体。课内课外、线上线下建立互联，构成网络，生成资源，这样就能很好地满足学生未来阅读的供给需求。

（2）筹重组：从"唯中心化"到"去中心化"。

阅读课程资源的众筹，某种意义上也是对阅读资源的重组建构。农耕时代，由于生产力低下，农户每家出1头牲口与其他邻居拼成3头一组用于耕地。这3户人家之间共同众筹了一个中心化"牲口组"。这种"组合"正体现了"互联网+"背景下"众筹"的四个特点，即：社交、去中心化、参与感和内生需求。[1]对比农耕时代的"牲口众筹"，万物互联时代，阅读众筹"去中心化"同样有着积极的教学意义（如下页表所示）。

---

[1] 大卫华.众筹思维：打造中小企业产融新模式［M］.北京：中国财富出版社，2015.

特点	对比		万物互联时代的教学意义
	农耕时代"牲口众筹"	"互联网+"时代"阅读众筹"	
社交	邻居关系，相互了解。	群、朋友圈，志趣相投。	阅读是一种社交行为。教学应促进"邻居关系""朋友圈"的发展，增进了解，培养适应社会的能力。
去中心化	每家1头牲口，都有平等调配的使用权。	利益共同体，众筹互联网平台，资源共享。	教学中阅读资源的开发与利用是群体行为，大家群策群力，"去中心化"才能实现资源共享。
参与感	都会娴熟地使用牲口耕地。	任意时间、任意地点都能参与其中，并实现阅读资源共享。	学生可以在任何时空根据自己的需求和意愿选择参与。
内生需求	都需要种地，又无法依靠自己的能力完成。	协同建构真实的学习，个性化的阅读将成为可能。	阅读是学生的个性化行为。而众筹阅读连接的是真实世界的学习内容和协同去解决问题的个性化阅读方式。

阅读，是一种社会交际。用马克思的话说，人都是社会化的。万物互联时代，"去中心化"的众筹阅读改变的不仅仅是阅读的形态，也改变了阅读资源的供给结构。在很长一段时间，阅读资源一直掌控在教师的手里。他们会在课堂上以"布道"的方式向学生推荐，阅读活动以教师为中心，以教师的推荐书目为中心，学生大多处在被动阅读状态，甚至是不读状态。然而，在万物互联时代，教师所能掌握的阅读资源仅仅是沧海一粟、九牛一毛而已，更多的阅读资源则在"云"上、指尖上，一触可得。每个学生都可能是资源的创造者、众筹的发起者，这就使阅读课程资源的开发、整合、重组与利用变成了一种师生之间的群体创造行为，"去中心化"的结构性变革，真正实现了阅读课程资源的合理供给与实时共享。

一个较为完整的阅读项目策划上线，主要包括四个方面的内容：呈现合适的标题、上传阅读项目图片、编写阅读项目简介、编写个人简介。在整个策划过程中，阅读项目的创意尤为重要，如何利用现有的资源进行重组，体现群体智慧，这是阅读众筹"去中心化"最为关键的地方。比如阅读海伦·凯勒，什么样的标题比较合适呢？不妨定为"用爱与勇气拼写'我的生活'"。阅读项目简介则可以摘取文章中海伦·凯勒的话语，如："我是怀着惴惴不安的心情书写我生活的历史的。在我整个的童年时代，生活犹如笼罩在我身边的一团金色雾霭。冥冥之中，我是懵懂而迟疑地揭开生活的迷帐的……"再加上自己的理解及追述："用我们的阅读一起来揭开海伦·凯勒'生活的迷帐'吧……"这样的"阅读推介"没有"唯我中心"的阅读限制，有的是自然而然的情感碰撞，这样的阅读场景才是我们最想看到的，也将是未来的常态。

（3）筹再造：从"内生需求"到"精准供给"。

阅读是学生的个性化行为。传统阅读与未来阅读在阅读时空、阅读状态、阅读方式、阅读需求以及应用价值等方面有着很大区别，尤其是阅读需求的转变，必然会导致未来阅读课程资源供给的结构性改革（如下表所示）。

内涵	传统阅读	未来阅读
阅读时空	限时、限于教室等	随时、无边界
阅读状态	以人为中心，比较系统	碎片化、虚拟现实
阅读方式	翻页阅读	刷屏（APP）阅读
阅读需求	指定阅读	按需阅读
应用价值	学以致用	连接一切

万物互联时代，阅读是无边界的。

阅读课程资源的按需精准供给，满足了每一个学生的阅读需求，让个性化阅读在万物互联时代成为现实。学生需要读什么，就供给什么。实际的操作中，他们可以在共享平台发布项目需求，获取线上支持，聚合阅读资源，实现众筹阅读的课程资源再造。如"阅读海伦·凯勒的课程"就聚合了线上的很多资源，而这些资源一旦形成，参与众筹的任何学生都可以拿过来建立自己的"云上小书房"，并形成各具特色的研究专题，以满足自我个性化的阅读需求。因为都在"云上"，所以大家都能看得见，读得到，每当其他人遇到相关主题的阅读资源，便会在第一时间向他推荐，加关注，建立链接，这应是按需阅读的最为精准的资源供给范式。

当前，由于我们的阅读教学是从教材、课本、文本出发，所以我们还要立足课堂，通过互联网拓展阅读的边界，实现阅读的跨界，以及阅读课程资源的再造。由于众筹模式本身就具有流程再造的特点，所以众筹模式下阅读课程资源的建设变革了课程资源制作的流程与结构，实现了课程资源配置的流程再造和供给需求，解决了学生阅读需求和课程资源供给脱节的现实问题。众筹阅读是一种众筹行为，就必然要对"投资者"（主要是学生）有所回馈，按照众筹阅读项目的性质，这里的"回馈"主要是阅读资源的一键获取、共享，即满足每一个学生阅读需求的"精准供给"。为此，笔者呼吁将我们的备课看作阅读课程资源的"筹再造"。因为要想切实创新与转变未来阅读课程资源供给范式，首先必须转变教师的备课思想（思维），众筹阅读课程资源，变革备课范式，真正从根本上满足每一位学生的阅读需求，让"精准供给"精准服务每一位学生的阅读成长。

四、万物互联时代，"众筹阅读"的未来格局

众筹阅读，满足学生一时的应景要求，基于的是眼前的阅读需要；要满足学生未来一生的需求，则要具有很强的前瞻性。这也是众筹思维"筹未来"的最好注脚。书卷阅读与指尖刷屏，到底哪种阅读能通向未来？这个问题不仅关乎阅读结构变革，更关系阅读方式的选择以及课程资源供给范式的不断创新。未来，众筹阅读将呈现怎样的格局呢？

1. 众筹阅读的"馆藏模式"

随着网络的普及,数字阅读已成为许多人的一种阅读习惯。近年来,很多地方都在积极探索"图书馆+互联网"模式,先后开通图书馆官方网站、电子书借阅系统、移动图书馆 APP 等多种网络平台,人们只需要进入这些平台就能免费畅读电子书籍。

而众筹到的阅读课程项目达到一定数量后,同样能发生这样的质变,众筹阅读必将进入"馆藏模式"。对阅读教学而言,这种"馆藏模式"的课堂介入,对改变阅读教学形态,丰富阅读课程资源有着重要的意义。不出教室,就可以享受到图书馆阅读的礼遇,获取你所需要的课程资源。每个班级就是一个图书馆,甚至因为你发起的阅读课程项目的累计,你的平台就是一个和外界连接一切的"图书馆"。

2. 众筹阅读的"直播模式"

一个好的朗读者会赋予一本书新的生命力和不一样的能量。因此,湛庐阅读出品的有声书,只邀请与这本书有着强烈共鸣、能与作者进行精神对话的朗读者。湛庐将有声书的朗读者视为诠释者。因为他们能将自己独特的经历、对内容的理解,融入读书过程中,让读者置身于一种同读共进的场景中。

"直播模式"的渗透直接改变了人们阅读的状态,实现了由看书到听书、由读者到用户的转变,阅读课程资源的开发与供给方式必然随之改变。当前,"直播+教育"被认为是网络直播热潮中最有前景的市场之一。有观点认为,未来教育产业将向着"传统教育在线化,在线教育直播化"的趋势演进,教育直播平台在不久的将来将以常态化的形式存在,成为教育产业中的重要一环。阅读教学的改革也必然会融入其中,所有众筹到的阅读课程资源都将可转为"直播模式",以供阅读分享。[①]

---

① 胡永强. 众筹阅读与图书馆阅读推广 [J]. 大学图书馆学报, 2017(2).

3. 众筹阅读的"场景模式"

从古至今，人们的任何行为都是在具体的场景中完成的，每个时代都会有不同的生活和行为场景。所以，从这个意义上讲，互联网对场景内涵的重构更多的是主张一种新的场景精神和场景化思维。如利用互联网的连接本质，充分释放出场景中个人的情感和价值诉求，进而激发个人的场景参与欲望，从而让人们在特定的场景中完成阅读活动。

进入VR/AR时代，技术与审美的融通将彻底改变传统阅读方式，让读者完全沉浸于各种"图式"符号场景里，网络在放大这些"图式"信息的同时，又通过构建虚拟的阅读空间，为人们提供了崭新的场景阅读体验。如微信朋友圈和微信群就是典型的虚拟阅读空间，通过微信好友这一"装订方式"，把人群聚集起来，形成信息交互的空间，而基于"图式"场景的众筹造物和连接，阅读已呈现出新的格局。用美国著名发明家、思想家和语言学家雷·库兹韦尔在《奇点临近》一书中的话来讲："人工智能和科技的发展让新的场景造物不断涌现，而每一次新的场景的质量积累，都预示着一次生活和情感的重塑与新生。"

众筹阅读是一种阅读应用与推广方式。当前，随着资源众筹实施模式的不断发展与健全，阅读课程资源的众筹格局将逐渐形成，并构建起满足不同学生阅读需求的课程资源供给新范式。众筹阅读，也是对未来阅读的一种场景诠释与实践，对发展学生核心素养的一种积极回应与落实，彰显未来阅读范式变革的方向。

CHAPTER/3
第三章
未来阅读的实践探索

所有对于未来的预言和构想,都是基于今天的实践和判断。

——朱永新

大数据、"互联网+"、人工智能时代,我们要努力去寻找一种把数据还给学生的教学方式,让数据发声,并能充分借助互联网技术等实现阅读场景的再造以及阅读空间的互联互通,创造未来阅读新样态。

未来,阅读将被重新定义。

> 数据会自己发声吗？清华附小的学生用大数据来分析苏轼、认识苏轼，并形成一系列"报告"，在网络中迅速得到传播。赞美之词、质疑之声此起彼伏……数据已经发声，我们何为？

第一节
数据发声：建构"数据应用阅读"新范式

未来已来，数据已经发声。

2017年，在迎来苏轼980周年诞辰之际，清华附小2012级4班的学生用大数据分析苏轼用词，并深度分析苏轼的人格和作品成由，他们通过小组合作讨论并分工完成了《大数据帮你进一步认识苏轼》《苏轼的朋友圈》《苏轼的心情曲线》《苏轼VS李白》等论文。

对此，社会各界众说纷纭，各抒己见，褒贬不一。

究竟他们的做法是否符合教育规律、是否适切他们的成长节奏、是否具有普适性，我们姑且不谈，要谈的是我们必须深刻地认清我们现在所处的社会环境。随着计算机技术、移动通信技术、微电子技术等信息技术的飞速发展，全社会已经步入大数据、"互联网+"时代。置身在这样的时代，教育规律是会改变的，成长节奏也会因此受影响……如何更好地适应这个时代，而不被时代所抛弃？学生代表的是未来，是无处不在、无时不在的学习经历，在这个时代，信息技术已经让学习的手段变得异常简单，也让学习的要求得以无限地实现。

一、数据的应用

可以预测，对大量的人机数据进行捕捉、存储和分析，并根据这些数据做出预测的能力将成为未来人类生存与发展的核心竞争力。一般认为，数据是经过精确测量的，是"有根据的数字"，基本是以严整的结构化方式呈现的。但是在信息时代，数据的内涵开始扩大，不仅指代"有根据的数字"，还统指一切保存在电脑中的信息，包括文本、图片、视频等。[①] 因为随着互联网技术的发展，全世界的网民都开始成为数据的生产者，他们不断地制造与使用数据，数据也因此不再具有严整的结构，非结构化的数据越来越多，致使人的行为活动逐渐被数据化，同时也引发了人们在使用数据时的变革。

当前这个时代，已经不再缺少数据，欠缺的是如何发挥大数据的作用，以此来改变我们的学习方式，提升学生大数据应用的能力。无疑，清华附小的学生用大数据分析苏轼用词就是大数据应用的一个典型范例。

二、把数据还给学生

把数据还给学生，清华附小学生《大数据帮你进一步认识苏轼》等论文的呈现就是最好的说明。未来，在线学习、远程学习、线上线下学习的结合，以及跨界学习等，都将成为获取数据的简单路径，学习方式将因此发生根本性的变革。

大数据已经存在，可以作为一门课程，也可以成为教学手段，而最好的

---

① 涂子沛.数据之巅——大数据革命，历史、现实与未来[M].北京：中信出版社，2014.

教育教学范式是寻找一种能把数据还给学生的教学方式，且能真正为学生所接受与悦纳。对此，我们必须有属于自己的理论认识与范式建构。

1. 自下而上生成课程而非自上而下地去落实课程

大数据时代，我们可以利用与分析更多的数据，有时候甚至可以处理和某个特别现象相关的所有数据，而不再依赖于随机抽样。这是大数据的一个重要特征。面对如此之多的大数据和相关关系选择时，能否主动学习，建构自己的课程体系，完全在于学生。

课程资源就在网上，就在对数据的整理建构中。清华附小学生所做研究，今天说来就是一门课程，一门研究苏轼的课程。而"大数据帮你进一步认识苏轼"仅仅是系列"致敬苏轼"的课程之一，与"苏轼的朋友圈"等构成了一个完整的课程体系。

课程的生成来自学生，当然也少不了老师与家长的配合。自下而上的课程生成范式，为更多学生进一步认识苏轼，也为其他学生研究苏轼，或者说研究李白、杜甫提供了参考样本以及研究的方式方法，这是具有开创性的课程建构。比起那些自上而下必须开展的课程设置及内容，它更具普适性、黏附力。如果一定要深入剖析清华附小学生的这项研究成为"网红"的原因，我想这一定和他们已经把数据做成了课程有很大的关系，尽管他们的文字表述中没有呈现出这样的话语，但是他们所呈现出来的文章以及文章形成的过程，已经诠释了整个课程的由来、体系与内容，以及核心价值。

未来，课程的话语权将不再完全掌握在专家、名师或者是学术权威部门以及教育主管部门那里，在"有秩序的混乱"中，学校、教师、学生将推动课程与教学改革逐渐走向自下而上的生成与发展。课程的构建已经进入了不确定性时代，需要为不确定的人群、不确定的需求准备课程，可汗学院就是一个例证。有了课程需求，才有了可汗学院的课程。如果我们不能再建造一个"可汗学院"，那么可行的是引领学生走向广阔的互联空间，让学生掌握普遍性与适应性最广且有生发性功能的基础知识与技能，构建学生有效掌握大数据的支架，进而引导学生在教学活动中依据自己的个性特征、认知方式、发展需求等，定向、专业地构建个性化的大数据知识图景，最终引导他们把数据变为课程，建构属于自己的课程。想想，清华附小的学生所做的正是这样的事。

2. 自觉建立内在的关联而非外在地"填鸭"

大数据时代，可供研究的数据很多，但是研究已经不再热衷于追求精确度。"适当忽略微观层面上的精确度会让我们在宏观层面拥有更好的洞察力。"[①] 应该说，清华附小的学生在这方面也同样给我们做出了示范，《苏轼的朋友圈》《苏轼的心情曲线》《苏轼的旅游品牌价值》……他们敏锐的洞察力让我们慨叹。

如在"用大数据分析帮你进一步认识苏轼"的研究中，清华附小的学生统计发现，9552位唐宋诗词作者创作了276545首诗词，平均下来每位作者要完成28至29首诗词的创作。而苏轼一生共创作了3458首诗词，相当于120位诗人的诗词量，占整个唐宋诗词量的1.25%。结合他的实际年龄来计算，他每年需要写54首诗词，这样一来平均每周至少写一首诗词。如此看来，苏轼的确是一名高产作家。而通过程序把苏轼的这3458首诗词进行分词研究发现，"子由"在《苏轼诗词全集》中出现了229次，成为苏轼高频词里面的"王者"，足可见苏轼与弟弟子由之间的手足情深。此外，孩子们发现"归来"一词出现了157次，"归去"出现了92次。通过进一步分析诗词出现的年代，孩子们发现，苏轼一生三次被谪，每次被谪结束之后，苏轼诗中"归来"出现的次数就会有所增加……

且不谈清华附小学生的这些"数据"得来是否精确，单说他们获得这些

[①] ［英］舍恩伯格，［英］库克耶. 大数据时代——生活、工作与思维的大变革［M］. 盛杨燕，周涛，译. 杭州：浙江人民出版社，2013.

"数据"所经历的过程。"用大数据分析帮你进一步认识苏轼",不单单是用几个数据来说说苏轼所创作的诗词有多少,平均每天写几首,在这个过程中学生敏锐的洞察力被充分激活、释放,如发现"归来"一词出现了157次,"归去"出现了92次,苏轼是在到处云游吗?由此,对苏轼的三次被谪进行了深入的研究,更好地认识了苏轼。

大数据、"互联网+"时代,因为阅读不再追求内在的因果关系,而追求事物之间的相关关系,所以这个抓手——阅读与搜索,我们必须牢牢抓住。清华附小的学生恰恰就在阅读、搜索与辨别真伪中形成对苏轼的深入认识,让数据自己发声,让"致敬苏轼"这一课程活动自然发生。这是大数据时代学习方式的一次革命,值得我们关注与借鉴。

3. 素养养成是过程的表现而非结果的验证

当下与未来,发展学生核心素养是改革的核心任务,也是学习方式变革的重点。《中国学生发展核心素养》明确提出:"能自觉、有效地获取、评估、鉴别、使用信息;具有数字化生存能力,主动适应'互联网+'等社会信息化发展趋势……"

清华附小的学生"用大数据分析帮你进一步认识苏轼",所做的研究就是学习方式的一次改变,有效促进了他们核心素养的养成与发展。

研究中,他们上网搜索各种版本的《苏轼诗词全集》,发现要把每一首诗词所对应的年代和地点都找出来,是一项艰苦且巨大的工程,因为他们还发现没有一个网站能完成这样的任务,但事实上他们却完成了。其间,他们通过查检两本工具书《东坡先生编年诗》[五十卷,清乾隆二十六年(1761年)海宁查氏香雨斋刻本]、《苏轼词编年校注》(中华书局"中国古典文学基本丛书",邹同庆、王宗堂著),并通过专题网站进行 OCR 识别与检索,查到了苏轼所有包含"归来"的 11 处诗的年代,从而实现了他们的想法——"数据分析的结果印证了我们的猜想,让我们从一个新的角度认识这位文学巨匠。苏轼的一生忧患重重，多次被贬，正是这些苦难的经历和丰富的阅历，使苏轼更关心民间疾苦，更亲近大自然，使他的作品成为传世的杰作。时至今日，我们读苏轼的诗句，仍然能感觉到无限的哀怨和悲凉，更能体味到中国文化的深厚底蕴和幽香。"

"互联网+"时代，过程即成果。这种"成果"包含了信息素养、知识素养、人文素养、合作素养。清华附小学生数据分析的结果固然精彩，一语中的，但是他们用数据分析的过程更为重要。其间他们能"自觉、有效地获取、评估、鉴别、使用信息"，更能统整这些信息，挖掘与发现这些数据背后最有价值的东西，乃至是一些额外的发现——"在研究过程中，我们还发现'子由'出现在很多诗词中，'子由'是苏轼弟弟的字，这使我们想到应该检索一下'子由'在苏轼作品中出现的次数……"应该说清华附小学生"用大数据分析帮你进一步认识苏轼"，过程是漫长、曲折的，甚至是艰巨的，但又极具挑战性，学生也是喜欢的。毕竟，研究性学习的关键并不在于学生能得出多么大的创见，而是引导学生产生问题意识，学会收集统整资料并能利用工具进行比较分析……最后做出自己的判断，得出自己的结论。这也正是未来迫切要求学生应该主动适应"互联网+"等社会信息化发展趋势，具有数字化生存能力的具体表现。清华附小的学生做到了，还为我们做出了样子来。

三、"数据应用阅读"的认同与反思

对于清华附小的学生用大数据分析研究苏轼这件事情，社会各界议论纷纷，如《新京报》发表了中国传媒大学副教授任孟山的署名文章《用大数据研究苏轼，这才是教育的应有魅力》，指出："教育的方向应该是点燃每个学生心中的那盏灯，照亮自己，也照亮世界。在这个意义上讲，启发式教育理念与教育方式，不是装满篮子的教育，不是填鸭式教育，而是点灯教育，照亮教育。"光明网评论员的一篇文章《有人大数据分析苏轼，有人还在砸手机》，给人的触动也很大，我们来看：

　　这两天，清华附小的六年级小学生火了。今年适逢苏轼先生诞辰980周年，清华附小开展了一系列致敬苏轼的活动。小学生们不仅通过吟诗、写字、作画了解苏轼，还利用假期时间，进行了以苏轼为主题的课题研究。从作业呈现看，书法、绘画笔精墨妙，《大数据帮你进一步认识苏轼》《苏轼的朋友圈》《苏轼的旅游品牌价值》等论文资料翔实、图表遍布，让网友惊呼"逆天小学生"。

　　同时，还有一则并不太起眼的消息：某中学举行手机销毁大会，几十部从学生中没收来的手机被扔进水桶，用锤子砸烂。对此，学校工作人员称，他们也是没办法，一切为学生好。一看评论，点赞的网友还不少。

　　一望可知，这两种教育模式、教育理念截然相反，乃至水火不容。大数据分析苏轼，必然需要用到现代通信技术，在网帖中，我们还看到了清华附小的学生、家长、老师建立了诸多微信群随时讨论，论文写作也运用了全世界各地的资料数据库，向信息世界完全开放。在砸手机一例中，则是将信息世界闭锁，视通讯技术为敌，呈现"反现代化"的趋势，将学生的心智封闭起来，填压进"语数外理化生"等书本题海的静态空间。

　　相信这两所学校，都觉得自己是"一切为学生好"。在同一个国度，绝不相容的两种模式，又都能"为学生好"，不矛盾吗？

　　有人从升学压力、教育资源分布等尺度衡量，确实能看出二者都有存在的"合理性"。但"合理"并不等同于"理想"，"为成绩好"也不等同于"为学生好"。稍有教育常识的人，不难看出二者究竟何者意味着"进步"。无论对砸手机抱着怎样的"了解之同情"，不妨扪心自问，更希望自己或自己的孩子成长于怎样的教育环境？相信读者自有对两种教育理念的价值衡量。

　　由此，社会理性对于两种背道而驰的教育理念，是必然要做出选择的，必须要有方向性的判断。升学压力大、教育资源分布不均，在某种程度上是现实，但绝不是学生不能借助现代科技自由探索知识、进行独立思考的借口。要承认教育发展水准的差异，同时，更要有对追赶方向的把握。在现代科技赋予教育平权诸多可能、在教育改革成为时代语境的当下，如果连方向都迷失，对启发性教育的可能性连探索都不屑一顾，大量的学校、老师、家长乃至社会舆论把"暴力毁坏财物"的违反法律、违背理性的行为理直气壮地视作"一切为学生好"，那当真是一抹悲凉。

清华附小的学生，他们学到了知识，同时也向社会传递了信念：教育，哪怕是小学生的教育，也是可以文采风流、星汉灿烂的。这是一种拥抱现代文明、接纳现代科技、卸下标准答案的枷锁、向自由探索敞开的教育。它理当成为我们整体教育水位抬升的标尺，也当成为学校教学改进乃至教育改革顶层设计层面可以参考的实例资源。

网友对清华附小学生的佩服和钦羡，代表了一种共识层面的肯定，这样的教育，理当成为众多学校的常态。当然，要实现这一目标，尚有难度。但是，看着还有人在如痴如醉地"砸手机"，这条艰难的路，就是必须坚持的路了。

（引自"光明网"，http://guancha.gmw.cn/2017-10/11/content_26478564.htm）

其实，给小学生布置研究报告在国外很常见，就是我们常说的项目式学习。项目式学习是一种以学生为中心设计执行项目的教学和学习方法，从而促进学生的学习效果。在一定时间内，学生选择、计划、提出一个项目构思，通过展示等多种形式解决实际问题。而实际上，这种让学生针对某一课题进行研究，并写成论文的教学形式，如今已经在北欧、北美等许多国家的学校被广泛采用。《中国青年报》曾以《美国小学生"研究报告"堪比大学生论文》为题报道过美国小学生所写的"研究报告"：一位在美国读五年级的华裔小学生，用两个月完成了英语阅读与写作课的作业——一篇题为《水》的论文。论文有厚厚的34页，从他感兴趣的水的历史、水的技术、和水有关的极端天气以及水上娱乐四个方面来介绍"水"，论文丰富的文字内容中间还穿插有若干幅相关图片和图表。这就是在鼓励学生勇于去做、去尝试、去创作自己的东西，不束缚学生的思维，注重个性化和创造性思维能力的培养。

统编教材五年级下册《汉字真有趣》就已经涉及研究报告的撰写，并附上了一篇范例——《关于"李"姓的历史和现状的研究报告》，旁边还标注如何写这个报告的方法及注意事项。在这之前还在"活动建议"中提示搜集资料的途径和方法，其中一条就涉及网络搜索，并给出检索的要求与方法指导——"在网上搜集资料，关键词很重要。如搜集汉字故事，可以检索关键词'汉字故事'，不能仅仅检索'故事'""检索后的条目很多，可以根据题目、显示的内容等，判断哪些是需要的资料"。应该说，这些为写研究报告奠定了基础，项目化学习我们也在做，一定程度上将引领未来阅读的方向。

把数据还给学生，让学生学会用大数据来分析问题。清华附小学生的做法值得肯定，同时也为深入研究未来阅读方式变革提供了典型案例。

1. 连接就是学习

如今，网络连接一切，一切资源（数据）的即时共享与精准供需都将成为现实。把数据还给学生，遵循的是人的发展而不是改变人的发展。清华附小的学生洞察到了并做到了。但很多评论却直言：那是清华附小的学生，不是一般学生；还有，清华附小学生的家长，也不是一般的家长……对此，我们是不是应反思一下，互联网是不是清华附小专属的网？当然不是。谁都可以建立连接，谁都可以享有互联网上的一切资源，任何时候、任何地点，而且都是等量的。我们也在拥有着，但是我们做了吗？没做，我们又做了些什么呢？"互联网+"时代，"连接就是学习"的理念正在为课程改革突破书本、教室和时间的局限，开辟崭新的路径。所以，当下真正需要解决的问题是，面对复杂数据，如何促使学生在类型繁多甚至杂乱无章的大数据中迅捷地发现数据之间的内在关联，并应用大数据来为我们的学习服务。清华附小的学生做到了，我们同样也能做到。

2. 技术就是工具

"互联网+"时代，把数据还给学生，迫切需要的是技术支持。清华附小的学生用大数据来分析与进一步认识苏轼，很多时候都是技术在起作用，如OCR识别、搜索引擎……体现的就是技术的服务功能，当然也包含他们家长的技术支持，甚至是资源的支持。毋庸置疑，新技术激发了学生本来就有的学习潜能，尤其是在当下，技术已经从教师端走向学生端，学生的知识习得和建构因为技术的分解与支持，呈现出新的样态。清华附小的学生能做这样的课程研究，是否每一所学校，每一位学生也都能做呢？答案是肯定的。在国外，类似这样的作业布置已然成为常态。国外的孩子能做，我们的孩子为什么不能做？如果连清华附小的学生都做不到，我们做教育还有意义吗？今天，清华附小的学生首开先河（其实他们的"1+X"课程早就声名远扬，这次不过是课程的继续罢了），让我们看到了中国未来课程改革的方向与样态。这是值得庆幸的事情，不应有那么多的"诘难"。如何让更多的学生也能快速掌握这项技能，用大数据这个工具来解决更多的问题，获取更多的知识，这才是我们必须反思的大问题。

3. 数据就是文化

把数据还给学生，不仅仅是给学生以数据，还要让学生对数据所蕴含的文化能够认同与传承，乃至是创造。清华附小的学生用大数据研究苏轼，所彰显的何尝不是一种探究性深度学习文化呢？数据，可以是课程，但是需要有一个形成过程，即一个不断挖掘、分析、重组与建构的过程。清华附小的学生所呈现的就是一个"大数据帮你进一步认识苏轼"的完整研究过程，一个研究苏轼的文化样本。清华附小的学生恰恰就是将数据变为了课程，并形成了独有的文化，这是难能可贵的。在"互联网+"时代，每一所学校，每一位学生都应该是这种"独有的文化"的创造者与受益者，而不单单只有清华附小和清华附小的学生。把数据还给学生，同时也把获取数据的方法教给了学生，以及把数据所承载的课程与文化传递给学生。这也是清华附小学生所做的关于苏轼的研究的真正价值所在。

"互联网+"时代，开放的社会和资源，进一步解放了学生的学习行为，越来越多的学生在阅读期待的驱动下，开始了基于自身需求的阅读，从简单走向复杂，从无序走向有序，从低级走向高级，从粗糙走向细致，不断地提高自身阅读的针对性、混杂性，乃至是专业性。未来必然是一个数据王国。这个时代是学生的，这个王国也必然是学生的。"互联网+"时代，到了我们必须把整个世界交给学生的时候了。为学生推开一扇窗，他们就有可能拥有整个世界。

> 大数据、互联网、人工智能……是理念，也是工具。工具赋能阅读，不仅是在形式上，还有内容上。通过工具来阅读"全唐诗"，其中"有趣的秘密"将不再是秘密。未来阅读将更立体、多元。

第二节
工具助读：分享"全唐诗""有趣的秘密"

工具改变阅读，不仅是改变阅读的范式，还改变课程的结构。

当下，大数据、"互联网+"、人工智能等新兴工具的存续与发展，让阅读方式随之也发生了巨大的变化。2018年，有人借助人工智能、大数据分析近5万首"全唐诗"，从中发现很多"有趣的秘密"——诗人常用的字、喜欢的季节、彼此的友谊……从而引起社会的广泛关注。这是目前利用现代技术辅助阅读的一个典型案例。工具赋能儿童阅读，在改变我们阅读思维的同时，也为我们开拓了一次深度阅读的尝试。

一、儿童阅读"全唐诗"的现状及思考

如果我们问学生最喜欢读哪些方面的书，可以确定的是，很少有学生喜欢阅读"全唐诗"，甚至是几乎没有，他们只是关注一些唐诗、宋词的必背材

料，多数是配合现行教材所拓展的一些常见的古诗词之类。当下，虽然阅读的载体不断更新，但人们对于读诗吟词的热情却索然无味。那么，今天的学生为何对阅读"全唐诗"不感兴趣？

首先，对学生而言，很大的原因是"全唐诗"没有其他体裁的文章读起来好玩、有趣，只要能背诵下来，或者是多背诵几首，就能应付考试中的古诗句填写。至于赏析古诗，洞悉诗句中的秘密，他们并不感兴趣，当然这并不能将责任完全归咎于学生。

其次，就教师来讲，其实我们对"全唐诗"的了解也是微乎其微，更谈不上能进行深入的研究、剖析，或深度的赏析了，很多时候都是按照相对固定的模式来教学生学古诗，充其量同一位诗人的诗句、同一类主题的诗句等多拓展一些，增加一些学生的阅读量而已。

最后，对于古诗的学习仍停留在读读背背上，思维僵化，工具单一，不仅忽视了可利用的新兴工具，而且拒绝一些现有资源的再利用，内容与形式还是老一套，不能创造性地整合与开发学习古诗的新路径、新策略。

未来阅读，如何借助工具让诗的吟诵与学习更有趣？

二、工具赋能儿童读诗的实践与探索

工具在改变思维的同时，也改变了阅读的形态。在这样的时代背景下，我们对古诗的阅读，就不能仅仅停留在表面，而应借助这些可利用的工具，挖掘诗中"有趣的秘密"，从而让诗的阅读有趣起来。

1. 数据挖掘，直面"有趣的秘密"

《全唐诗》是清康熙年间编校的一本唐诗合集，收录诗作48900余首。在这近5万首唐诗中，出现频率最高的字是哪一个？描写最多的季节又是哪个？在日常的教学中我们根本没有涉及这方面的问题，即使有所涉及，也仅仅停留在猜测上。可在大数据时代，利用人工智能的语义分析技术，就可以对"全唐诗"进行深度的文本数据分析，从而发现一些"有趣的秘密"：

序号	字	字频	序号	字	字频	序号	字	字频	序号	字	字频
1	人	39.195	23	雨	12.976	45	远	9.134	67	树	7.707
2	山	31.014	24	明	12.551	46	烟	9.052	68	拉	7.676
3	风	30.179	25	夜	12.517	47	路	9.050	69	意	7.524
4	日	26.388	26	老	12.069	48	西	9.003	70	黄	7.475
5	天	23.618	27	泉	12.067	49	身	8.895	71	世	7.452
6	云	23.432	28	象	11.516	50	草	8.829	72	海	7.429
7	春	19.806	29	门	11.509	51	头	8.787	73	气	7.151
8	花	19.209	30	蓉	11.453	52	诗	8.729	74	水	7.149
9	年	18.970	31	青	11.277	53	城	8.699	75	愁	7.118
10	月	18.932	32	声	10.950	54	光	8.649	76	别	7.048
11	水	18.845	33	道	10.649	55	雪	8.455	77	阳	7.004
12	知	17.032	34	玉	10.633	56	香	8.357	78	难	6.945
13	心	16.190	35	酒	10.519	57	回	8.253	79	情	6.933
14	君	15.996	36	落	10.472	58	游	8.239	80	望	6.826
15	归	15.624	37	全	10.407	59	闲	8.207	81	分	6.818
16	清	14.859	38	南	10.179	60	色	8.188	82	旧	6.762
17	行	14.847	39	飞	9.631	61	思	8.185	83	红	6.710
18	我	14.265	40	地	9.381	62	林	8.151	84	梦	6.709
19	白	13.991	41	流	9.282	63	马	8.099	85	龙	6.582
20	秋	13.946	42	深	9.206	64	尘	7.949	86	歌	6.365
21	江	13.465	43	尽	9.175	65	石	7.887	87	须	6.360
22	空	13.249	44	书	9.157	66	公	7.727	88	安	6.290

续表

序号	字	字频	序号	字	字频	序号	字	字频	序号	字	字频
89	醉	6.280	104	霜	5.514	119	露	5.001	134	泉	4.537
90	华	6.145	105	逢	5.496	120	惊	4.940	135	木	4.516
91	竹	6.042	106	物	5.475	121	国	4.908	136	久	4.513
92	仙	6.038	107	神	5.467	122	轻	4.893	137	影	4.418
93	岁	6.005	108	吾	5.465	123	逢	4.889	138	舍	4.413
94	楼	5.887	109	溪	5.443	124	暮	4.874	139	寻	4.413
95	叶	5.884	110	野	5.434	125	语	4.797	140	舟	4.390
96	此	5.876	111	孤	5.387	126	眼	4.727	141	居	4.380
97	笑	5.835	112	问	5.337	127	绿	4.682	142	河	4.343
98	晚	5.799	113	阴	5.335	128	哈	4.674	143	病	4.278
99	松	5.729	114	乌	5.272	129	戌	4.629	144	翠	4.263
100	好	5.677	115	枝	5.238	130	抑	4.612	145	乡	4.249
101	幽	5.640	116	离	5.090	131	汉	4.607	146	蝉	4.239
102	文	5.618	117	留	5.052	132	波	4.597	147	芳	4.213
103	少	5.527	118	乐	5.037	133	碧	4.597	148	苦	4.194

◆出现频率最高的字是"人",其他高频字如"山""风""日""天""云""春"等(详见上表),都是在写景的诗句里经常出现的意象。

◆出现最多的季节是"春",诗人最爱写的季节依次是春(19806首)、秋(13946首)、夏(2624首)、冬(1218首),其中,伤春、惜春是常见的写春的题材。

◆出现最多的色系是绿色,其次是白色,其中色系占比中绿色占33.05%,白色占19.87%,白、绿是唐诗的基准色。

……

不仅如此，人们还对唐诗中"常用的双字词""常用的字眼""七情"进行了数据分析；跨界采用来自符号学领域的研究成果来研究唐诗、宋词、元曲中出现的独有高频字，并依此分析唐诗、宋词和元曲各自的特征。

那么，工具赋能阅读，究竟对我们的古诗学习及课程架构有多大的帮助？

2. 资源整合，建构"有趣的课程"

当前，统编教材就非常注重传统文化的有机渗透，在小学语文一至三年级的教材中，以课文、"日积月累"等形式出现的古诗词共 44 首，统计见下表。

类别	年级段						合计
	一上	一下	二上	二下	三上	三下	
唐诗	4	5	5	5	5	6	30
宋词	0	1	1	1	3	3	9
元曲	0	0	0	0	0	0	0
其他	2	0	1	1	1	0	5
累计	6	6	7	7	9	9	44

可以看出，唐诗所占的比例特别大，约占 68.18%。那么，如何利用这些唐诗进行古诗词教学，开启古诗词的启蒙教育，从而让古诗词教学、教育变得有趣，引导学生以此去探索、揭开唐诗中更多的"有趣的秘密"？

目前的状况是，我们可能还无法像专业人士一样对"全唐诗"进行数据的挖掘，以获取我们想要的"数据资源"，但是我们可以"拿来"并利用这些"成果"拓展与丰富我们的课堂教学以及课程建设，构建"有趣的课程"——"全唐诗"微课程。相对"全唐诗"而言，30 首数量虽很小，但却可以通过举一反三、触类旁通等方式一窥全貌。如何将这些"有趣的秘密"渗透到教学中，融入进课程里？

（1）合理布排，形成"全唐诗"微课程框架。

我们可以小学一至三年级30首唐诗为例，在每一个学期确立一首诗作"引子"，充分发挥其"例子"的作用，逐步渗透"全唐诗"的知识，以及上述"有趣的秘密"，建构起学生对"全唐诗"的整体认识，同时构建相应的微课程体系，如下表所示。

课程名称	课程要点	课程内容	年段	备注
"全唐诗"微课程	认识"全唐诗"	以《咏鹅》为例	一上	统编教材第一首
	唐诗中的季节	以《春晓》为例	一下	
	唐诗中常用字	以《小儿垂钓》为例	二上	
	唐诗中的送别	以《赋得古原草送别》为例	二下	
	唐诗中的颜色	以《山行》为例	三上	
	唐诗中的地点	以《忆江南》为例	三下	

"全唐诗"微课程体系重在认知，在学习这一首或这一组诗的时候，能因此知道更多一点，从而拓展学生的视野，可能的情况下可以补充相关主题的诗句，让学生诵读积累，这也是统编教材中"日积月累"的一个很大的特色。如在学习《春晓》这首诗时，不仅要告诉学生写春天的诗句最多，有19806首，让学生惊讶、好奇，还要适时、适量、适性地补充几首写"春天"的诗句：

好雨知时节，当春乃发生。
春风又绿江南岸，明月何时照我还。
等闲识得东风面，万紫千红总是春。
……

这些都是学生最常见的经典诗句，甚至有的学生可能在幼儿园就背诵过，它们能加深学生对春天的印象，拓展学生的视野，让他们感受到写春天的诗句真的好多。同时将"有趣的秘密"渗透其中，激发阅读的好奇心、求知欲，调动阅读的积极性，日积月累，厚积薄发。

（2）设计项目，开展微课程微研究。

限于学生的认知水平及积累，让学生自己去做些研究，难度肯定不小，所以一至二年级阶段尽可能多地让学生接触"全唐诗"，三年级时则可以利用"例子"开展一些探索，进行一些微研究的项目设计，让学生自己去发现"全唐诗"中"有趣的秘密"，提升学生对"全唐诗"的兴趣与认知程度。如在三下我们就可以开展"'全唐诗'中的地名、颜色"等微课程微研究，梳理统编教材中出现的 30 首唐诗，做数据统计，挖掘唐诗藏着的一些"有趣的秘密"。

"全唐诗"中出现最多的颜色：绿、白。在三年级时如果还是选择"告诉"他们，那么意义就不大了，这个时候的学生已经具备了一定的搜集与整理信息的能力，完全可以引导学生去梳理前面学过（包括课外积累）的唐诗，去探究一下唐诗中哪种颜色出现的次数比较多。梳理一下三上及三上之前古诗中带有颜色的诗句，我们就会发现这个"有趣的秘密"：

白毛浮绿水，红掌拨清波。

接天莲叶无穷碧，映日荷花别样红。

朝辞白帝彩云间，千里江陵一日还。

……

梳理下来，学生很容易就发现在统编教材中"白色"出现的频率较高，这与上述所揭示的"有趣的秘密"基本吻合。这时候，我们再渗透他人的"研究成果"：

"全唐诗"里面"白"字的字频最高，本意是"日出与日落之间的天色"，常见的有"白发""白云""白雪"……在"全唐诗"的色谱上出现最多的色系是绿色系,"绿树""碧水""苍松""翠柳"这些高频字从侧面反映出全唐诗中描写景物、寄情山水的诗句占比很大,透露出平静、清新和闲适之感。

在此基础上,还可以引导学生继续深入研究,从而阅读更多的古诗,甚至是慢慢去弄明白"白""绿"作为唐诗的基准色的意义,并依此再拓展,探究还有哪些表示颜色的字在唐诗中常用,有什么深刻的含义,等等。事实上,开展这样的微研究,一则能印证他们的发现,二则能激发他们深度探究的兴趣。

(3)工具助读,策动"微阅读"深度实践。

"大数据分析5万首'全唐诗'"之所以有这样的物化成果及影响,更多的是借助了人工智能、大数据等工具,对文本进行了深度挖掘。这与前文所述"大数据分析苏轼"如出一辙。其实,他们使用的工具也很简单,包括 Excel、Python 及其相关库(Gensim、Tensorflow、Keras)、Gephi 等,其中还有"傻瓜式"的免费操作工具——新浪微舆情文本挖掘工具。我们可以学着借助一些简单的工具来赋能阅读向深入发展。

比如,当我们对一至三年级的30首古诗进行筛选时,我们会发现这样一个"有趣的秘密":"不"字出现的频率非常高,由此生成的语境也不尽相同,意义深刻。有哪些诗句中有"不"呢?我们来看:

春去花还在,人来鸟不惊。

乱入池中看不见,闻歌始觉有人来。

能不忆江南?

长恨春归无觅处,不知转入此中来。

……

30首唐诗中竟有17首含有"不"字。为何会有这么多的"不"出现呢?

根据猜测这也许是因为否定句表达的语气更强，比较适合传唱，所以，"不"字才能得到诗人们的青睐。此外，根据已有的数据分析与挖掘，人、山、风、日、天、云、春、花、年、月等字也是唐诗中的高频字，适时提供这些字的信息，引导学生进行探究。

上图就是对"全唐诗"中高频字的形象排列，可以说每一个都可以进行一系列的研究，如写"月"的诗句，在教材中出现较高。但学习过程中，我们不能局限于唐诗中这些"字"出现的频率多，还应该借此举一反三，感悟这些字在古诗词中的意象，这是我们借助工具来梳理、整合唐诗的最大价值所在。如"月"这个字就有如下内涵：表达思乡、思亲、念友之情；暗寓羁旅情怀、寂寞孤独之感；作为历史的见证，表达今昔沧桑感；冷寂、凄清的感觉；等等。以少见多，触类旁通，日积月累，从而形成对"全唐诗"中这些"有趣的秘密"的独特发现与体验，并实现我们从利用数据成果到独立挖掘文本，进行深度阅读的目的。

3. 工具赋能，让"有趣的阅读"走向深入

大数据、互联网、人工智能等新型工具的使用颠覆了传统的阅读形态，也改变了阅读课程结构以及存在的状态，为将来更好地推进线上线下有趣的、泛在的阅读提供了"样本"，也给予我们更多的思考与实践可能。

（1）大数据为深度阅读提供服务。

通过数据挖掘与分析来指导阅读，读什么？怎么读最有效？读的效果如何？随着大数据、"互联网+"、人工智能等技术的深入与应用，这些都不是问题。当下，我们已经进入大数据时代。在大数据这个工具被广泛应用的大背景下，通过数据发现问题、分析解释原因、预测趋势等都已经成为可能。

上述用大数据分析近 5 万首"全唐诗"就是一个典型的案例。在这之前是没有一个具体定论的，认识"全唐诗"的角度、深度也没有这么宽泛，很多时候都是停留在对一首诗或者是一组诗的研究上，有时候也很难发现这些"有趣的秘密"，而没有了这些"有趣的秘密"，"全唐诗"学起来也就少了一些生趣和活力。不仅如此，"有趣的阅读"还可以让我们发现一些很有价值的线索，如经过文本深度挖掘之后，我们知道了"人"是出现最多的高频字，"人"字排第一体现了《说文解字》中所讲的"人，天地之性最贵者也"，充分证明了唐诗秉承了"以人为本"的中华文化。

古诗阅读，如何走向深入，抑或是"求甚解"，进行有深度的阅读？仅仅剖析一首或一组诗还是有局限的，但要想剖析更多首诗（组诗阅读），靠人工去检索，难度还是不小的。这时候我们就要主动运用大数据这个工具来为我们的阅读服务，"大数据是一种资源，也是一种工具"[①]。而通过大数据分析、整理，我们就会发现一些之前从来没有发现的"有趣的秘密"，然后我们再借助这些数据去揭开更多"有趣的秘密"，这也彰显着"深度阅读"的全过程。上述案例就是最好的证明。

（2）互联网为阅读课程建立连接。

"互联网+"时代，阅读课程不再是一个又一个孤立的个体。连接一切的"互联网+"思维，让阅读课程也发生了根本性变化——"课程+"将线上线

---

① ［英］舍恩伯格，［英］库克耶. 大数据时代——生活、工作与思维的大变革［M］. 盛杨燕，周涛，译. 杭州：浙江人民出版社，2013.

下相关联的课程连在一起，融为一个整体。

如果我们将上述用大数据所分析的近5万首"全唐诗"的成果充分利用起来，也就是将这些"有趣的秘密"进行梳理和架构，自然就可以建构起如上文所提到的"'全唐诗'微课程"，再结合统编教材中所出现的若干首唐诗，有计划、有步骤地将这些"有趣的秘密"进行融入、贯通、解密，从而给学生一个有趣的课程，有趣的课堂，体验"有趣的阅读"带来的不一样的风景。同时将这一课程放在网上，让学生随时都可以实现共享与学习，不断建立新的连接，补充新的研究成果。

在这个过程中，我们还可以借助外界专家、家长等资源，通过众筹、外包等形式，不断拓展这个课程的内涵和外延。当前，可能对于"全唐诗"更深入的研究，我们还无法进行，但是不代表外界没有这样的专家或者爱好者对这个方面感兴趣，他们的很多"成果"的呈现，就是最好的佐证。如针对"唐朝诗人中，谁写的诗最多？"这个问题，我们可以建立连接找到答案——白居易2643首、杜甫1151首、李白897首……这些数据来自哪里？云上、互联网……未来，有效的利用"互联网+"这个工具，一切都将成为可能。

（3）人工智能为阅读改革赋能。

当前，人工智能已经成为改变人类生活与学习方式的重要手段。"让人工智能融入中小学课堂，助推国民科学创新素质提高，为国家的人工智能发展培育种子力量，这是我们每一位教育工作者应担起的社会责任。"（丁凤良语）可见，人工智能和教育教学相结合，已势在必行。

人工智能赋能阅读改革，最终目的是要将那些程式化、重复性、检索类的阅读交给机器来完成。如上述对"全唐诗"中高频字的分析与统计，就是交给机器来做的，机器可以在很短时间内将字频进行排序，为我们呈现一个高频字的"序列表"，供我们参考和利用，如果这些单靠人工来做，几乎是不可能的。

人工智能时代，简单阅读由机器替代完成，深度阅读则可以由人与机器协同完成。如上述对"全唐诗"近5万首诗的情绪进行分析，发现悲占

77.43%，最多，位居第一；其他依次是思 17.22%、忧 3.46%、喜 0.86%、惧 0.52%、怒 0.45%、乐 0.06%。这些正是通过机器筛选、汇总出来的。而"悲"占主流的原因，仅仅靠数据是不行的，还要通过对出现的诗句加以分析与比较，才能达到对统一主题或统一基调的古诗词的深度阅读的目的。如情绪"思"，就有李白的《静夜思》（一下）与王维的《九月九日忆山东兄弟》、白居易的《忆江南》（三下），虽都是触景生情，但前者是思念故乡，后者思念的是自己的兄弟、怀念的是江南的美景，此时就是融入了人的理解与情感。"人·机共读"是当下一种崭新的阅读范式，即借助人工智能，为每一个学生提供丰富的阅读课程资源，并实现各自需求的精准供给，使线上线下、人与机器协同完成深度的阅读。有趣，又有深度，这样的阅读才是学生所喜欢的读"诗"样态。"未来是人机协作时代。"[①] 这是时代发展的必然，但我们也要清晰地认识到：在数据分析中，我们所得出的各种数据结果，只是"引子"或者是"线索"，最重要的还是要靠人脑去分析结果，借助所掌握的已有知识及认知方式，去发现那些不能为浅层阅读所把握的深层意义，充分挖掘其价值，并能为教育教学所用。

可以预见，未来我们对于诗的阅读（吟诵），不一定只是纸面诵读，还可以运用大数据，走进历史场景之中，还原当时的文学图景，进行一场读诗方式的创新。名诗是一棵棵的树，而还原历史则是重现那片森林。

2019 年 1 月 21 日《光明日报》对中南民族大学文学与新闻传播学院教授王兆鹏牵头打造的"唐宋文学编年地图"进行了追踪报道：

2017 年 3 月，中南民族大学文学与新闻传播学院教授王兆鹏牵头打造的"唐宋文学编年地图"上线。在这张地图上，既可以查出唐宋时期某位诗人一生的足迹与作品，也能查出一个地方曾接纳过的所有诗人。该产品突破了唐诗宋词文字阅读的"套路化"模式，变成了直观生动的地图展示，一上线即收获广泛关注。

---

① 李开复，王咏刚. 人工智能[M]. 北京：文化发展出版社，2017.

最初上线的前两天，点击量超过 220 万。

……

王兆鹏希望改进后的地图，可以"全景式"呈现唐诗宋词。"比如在地图上点开一首诗，除了文字信息，还能弹出场景画面，重现诗人写作时看到的自然景观。像李白的'两岸青山相对出'，诗人为什么这么写，一看图片就明白了。"

为了实现这一目标，王兆鹏及其团队，与市场上的数据公司合作，不断改进。王兆鹏在采访时除了引用诗词名句，还不时冒出编程的专业术语，对各类技术名词信手拈来。"我是研究古典文学的，但一点也不排斥技术。当今的技术手段能够极大地丰富我们对传统文学的解读方式，古典文学的学者应该多了解新的信息技术。现在的技术进步太快了，没有做不到，只有想不到。理解了技术的逻辑，会给我们的研究视野带来极大的拓展。"

……

如今，进入"唐宋文学编年地图"平台，映入眼帘的先是密密麻麻的地点信息。点开"南京"，会跳出唐宋年间，曾在南京停留的诗人及所写诗的信息。而点开"李白"，你会发现他的行走轨迹几乎游遍中国的大江南北，这时你若检索他在某个地方是否留下千古名句，轻轻点击他到过的地方就可以搜索到。

虽然我们还无法创造"诗云"，但未来一定可以从"云"中读"诗"，看世界！

大数据、"互联网+"、人工智能……这些新兴的工具正在改变我们的看世界的方式与思维。工具赋能阅读，阅读必然要发生巨大的变化。利用人工智能、大数据分析近 5 万首"全唐诗"，进行深度阅读，这也仅仅是阅读范式转型的"冰山一角"，我们还可以对"全宋词""全元曲""四大名著"等进行大数据、智能化分析与阅读，发现更多"有趣的秘密"，进行有趣的阅读探索与实践，把阅读改革引向深入，从而让每一个学生都能获得必备的使用工具的能力和较为全面的语文素养，更好地迎接未来的挑战。

阅读中，我们是否憧憬过"和女娲一起补天""和后羿一起射日"？……伴随互联网技术的发展，这一切已成现实，场景化阅读、剧场式阅读等新的阅读形态正在逐步进入我们的阅读视野。未来阅读，可期！

第三节
场景再造：借助"互联网+"讲好神话故事

一个时代的话轮，决定着这个时代的演绎方式。

"互联网+"时代，如何重述神话故事，焕发其独特的神话意蕴？借助"互联网+"讲好神话故事，就是在让学生洞见互联网时代的变化，自由地去搜集、处理信息，有机形成线上线下相关信息的连接与统整，尝试着在重述中进行传统经典的现代演绎，从而实现阅读的"完全的精神解放"。

神话，是人类童年的产物，历经百年、千年的沉淀与流传，是人类认识世界的一种独特的方式。但每一个时代都有着这个时代所特有的理解与演绎神话的方式。当下，借助"互联网+"讲好神话故事，已成时尚，并被演绎。

一、神话故事与"互联网+"的融合

"打开APP，点击AR开始扫描图案，保持手机对准图案，等待网络加载

AR 内容成功后，神话动态就跃然在手机上。"这是 2017 年 12 月 29 日上海刘海粟美术馆所开展的"中华创世神话——互联网艺术大展"的一则手机动态消息。

"键盘塑盘古，鼠标造大禹""和女娲一起补天"……将神话故事与互联网表达手法融合，重新演绎，展示大众能"看得见""摸得着"的中国神话，现代感十足，极大满足了现代儿童的审美需求，与此同时也为传统文化的存续与传承注入了更多新鲜血液与活力。

我们来链接一下当时的场景：

澎湃新闻："中华创世神话——互联网艺术大展"12 月 29 日起在上海刘海粟美术馆举行。本次大展以"混沌""神游"和"创世"三个篇章，30 余组作品讲述仓颉造字、女娲补天等公众耳熟能详的中华创世神话。不同的是，此次展览涵盖了绘画、影像装置、多媒体等多种艺术形式，观众拿着电子设备穿梭在作品中，屏幕上会出现出乎意料的惊喜，而一些大体量的装置则呈现出天地混沌之时的山河日月。在开幕式现场，一个名叫"小小明"的智能机器人别开生面地讲述了自己的"爱豆"是陶渊明，由此引出了中华创世神话的展览主题。正如刘海粟美术馆馆长朱刚对此次展览的概括——"键盘塑盘古，鼠标造大禹"。

上观新闻：打开 AR 游戏，可以动手帮女娲用五彩石补天。利用 3D 打印设备，可以将后羿射日的雄姿变得立体可感。走在展厅里，如果想问"创世神话是什么"，智能导览机器人"小小明"会用它萌萌的声音对你讲解，"创世神话包括女娲补天、伏羲创八卦、共工怒触不周山、逐鹿之战、大禹治水等各种耳熟能详的神话故事……"这样的奇妙体验并不是"神话"，借助科技与艺术的融合，全方位地感受和体验创世神话正在美术馆里变成现实。

宝山区文学艺术界联合会也携多媒体 3D 舞台剧《创世神话漫游记》与《现代京剧与远古的对话——史依弘京剧音乐课本剧系列之精卫填海》共同参加"中华创世神话——互联网艺术大展"。3D 舞台剧《创世神话漫游记》将以中华创世神话为背景，利用多媒体技术，融合光影的视觉特效，同时配合多元化的舞台表现，让广大观众感知神话的神秘神奇和变幻莫测。京剧表演家史依弘则结合多年京剧普及教育的实践经验，将嫦娥奔月、精卫填海、大禹治水、牛郎织女等神话故事契合语文学科教学内容，为孩子们度身定制出一套京剧教材，传播传统文化魅力。

……

翻开统编教材四年级上册第四单元，我们会惊喜发现这个单元里有盘古、精卫、女娲……还有普罗米修斯——古希腊神话故事中的人物；有诸如"世界是如何起源的？""人类是怎样产生的？""神和英雄是如何生活的？"等问题；还有《山海经》《神话选译百题》《中国古代神话》《希腊神话与英雄传说》等书目导引。

纵观教材，阅读的方式仍局限于文字、插图所架构的"传统经典知识"或"传统经典故事"的"二维阅读"，忽视了现代技术的支持以及资源的连接，如上述所描述的"键盘塑盘古，鼠标造大禹""和女娲一起补天"的场景化阅读、剧场式阅读等新的阅读形态与呈现方式。

二、"互联网+"时代，神话故事的现代演绎

"互联网+"时代，神话故事如何教？除了用神话的方式、语文的方式来教，还可以用——"键盘塑盘古，鼠标造大禹"的互联网方式来教，借助"互联网+"来重新演绎神话故事，再现神话故事。

1. 神话故事的艺术性表现

"互联网+"时代，利用新技术重述中国神话，对于中华优秀传统文化的创造性转化，以及创新性发展有着深刻意义，"互联网+神话"是对中华文化

再创造、艺术化呈现的一种现代方式。

如在"中华创世神话——互联网艺术大展"中，一个又一个的神话故事场景不再是单一的文字和图片的结合，而是通过可以利用的技术手段，将我们的视觉、听觉、触觉乃至是影像等融为一体。其中，第一篇章以"混沌"为主题，走入展厅，如同来到了天地混沌之时的黑暗之中，艺术家从远古神话中提炼出"水""光""电""木""声"五个意象，构成五个故事单元，进一步衍生出五组思辨话题，再造出五个现代感气息浓郁的故事场景（详见下表）。

意象	思辨话题	场景再造
水	澄明·混沌	以盘古开天辟地为创作基点，以水寓意万物的载体，同时结合磁流体元素，进行命题创作，对实体的运动存在赋予鲜活抽象的生命韵律。
光	朦昧·启蒙	以伏羲画卦为寓，利用实时灯光及影像交互技术，试图还原伏羲画卦的过程，从而给予人一种沉浸式的交互体验。
电	毁灭·生存	将精卫填海的典故变为视觉化的语言，依托影像交互，演绎出精卫与大海抗争并与之重生的故事。
木	巨象·蝼蚁	以仓颉造字为灵感来源，借助庞大的装置体量，以宇宙星宿、山川鸟兽为基本元素，通过数字图像再现宇宙万物和人类原始文明的浪漫。
声	有形·无形	以鼓为载体——以"远鼓"呼应"远古"，利用音画交互的手段，将无形的声音转化为实时的有形图案，探寻原始图腾的象征及生命意义，达到一种粗犷原始生命的欢腾。

由此可见，场景的再造，还是基于已有故事的"原型""元素"等，进行艺术的创造、创作，通过影像交互、数字图像再现等现代技术手段，再现远古神话故事的传奇。场景已经再造成功，我们要做的是"带入"，将学生带入其中，充分利用这些资源，虽然不能入现场，但是可以"入网"，充分发挥互联网的连接与共享功能，让学生"读"到这些艺术化的场景故事。"以网络技术

为支撑，利用计算机硬件、软件和周边设备在网络及移动网络终端进行艺术创作、展示、传播与接受、欣赏与互动等活动，这是一种与传统艺术范畴完全不同的新的艺术形式或门类。"（朱刚语）

在教学《盘古开天地》《精卫填海》这两篇神话故事的时候，我们是否对这两个话题进行了一番思辨？是否将学生带入到了这些艺术化的再造故事场景当中？现代的儿童，需要有这些充盈着现代气息的故事场景的熏陶与浸染。

2. 神话故事的浸润式体验

带入其中，仅仅是第一步，置身故事场景之中，完全浸润其中，这是目的。"创世"篇章正是运用互联网思维重新演绎了中华创世神话故事。其中最重要的技术手段就是 VR 和 AR，这为人机的即时交互创造了可能。和后羿一起射日，和女娲一起补天，和神农一起尝百草……在这里因为互联网而变成可能，观众对于神话有了更丰富、生动的互动体验。

据悉，在"中华创世神话——互联网艺术大展"期间，上海人民美术出版社推荐的"我和女娲一起补天"让观众轻松有趣地在手机上完成"补天"；上海电影艺术职业学院带来了用触摸屏演绎的"神农尝百草"，又以用轻黏土与毛毡制作的"卡通异兽家族"将生涩的图示变得简单易懂；万达信息以可视化 VR 技术实现后羿射日互动体验，以 AR 技术为我们解开"大禹治水"的文字奥秘；星拓传媒在展厅中上演的多媒体 3D 舞台剧《创世神话漫游记》以动态镜框展示全息动画，配合多元化舞台表现，融合光影的视觉特效，展现神话的艺术魅力，赋予更多四维空间的想象。

"互联网+"时代，所有这些资源的获得，已经变得越来越简单，"键盘塑盘古，鼠标造大禹"，如果我们充分认识到了互联网连接一切的功能，那么我们也就找到了这些资源的入口，科学、合理地利用这些资源，从而迎合当代儿童审美需求，打造、演绎具有现代感的创世神话，让学生在阅读神话故事的过程中感受其变化的历程以及不断创造着的神话"传奇"（详见下页表）。

时代	表现形式	流传方式	阅读形态	体验方式
古代	图腾、图片	口口相传	听故事	授受式
近代	文字+图片	文字记载+动画、影片制作	读故事、看故事、讲故事	授受式+探究式
现代	影像交互场景再现	数字存续	在故事中（全息）	浸润式

可以看出，在不断的延续过程中，发展到今天的"互联网+"时代，人们对神话故事的体验方式已经发生了很大的转变，浸润式体验将成为重要的方式。"互联网+"时代技术的发展，颠覆了人们原有的阅读形态，让人置身在故事的场景之中，并完全浸润其中，现代感强，同时也更加适切当下及未来儿童的审美需求。

相对后羿射日、女娲补天等神话故事的文本著作、电影或动画片，这些极富现代感的场景更能凝聚儿童，吸引儿童的目光。故事还是那个故事，但是在不同时代，用不同手段来演绎，所散发的魅力是不一样的，现代儿童需要"现代经典"——"传统经典的现代再创造"的浸润与洗礼，更需要沉浸式的阅读体验。人机互动、人机共读……"互联网+"时代，尤为需要这样的"重新演绎"。而这样的"重新演绎"可以在课堂上，也可以在家里，抑或是在美术馆、图书馆里。比如"中华创世神话——互联网艺术大展"在美术馆里举办，那我们的"课堂"就可以在这里，互联网连接一切，线上线下，场里场外，我们都可以进行浸润式的阅读与体验。

3. 神话故事的数字化存续

"互联网+"时代，神话故事的传播与传承也在发生着巨大的变化，从记录在龟甲兽骨等硬质物体上，到我们看到最多的软质出版物，再到当前"互联网+"时代的虚拟存储（详见下表），日趋数字化、场景化。由于数字化阅读的日渐盛行，存续方式也将逐渐趋向数字化的虚拟存储。

存贮载体	传播方式	感官参与
龟甲兽骨、陶器泥板、金石鼎碑、竹简木牍、纸莎草、贝叶、桦树皮等硬质	固态	眼睛
绢帛、兽皮、植物纤维纸及塑料布等软介质	固态	眼睛
声、光、电、磁、芯片等虚拟和半虚拟载体和介质，以及数字化、智能化等虚拟形态	信息流	全感官

当然，虚拟存续也从根本上改变了其传播方式，改变了阅读者的参与形式。一个非常现实的场景就是：大街小巷、公交车、地铁站……无论来去匆匆的行人，还是独坐一隅的乘客，低头看看手机，已司空见惯……这已经成为人每天生活的一部分。受其耳濡目染的儿童，由于求知欲、好奇心特别强烈，根本挡不住"一屏万卷"的诱惑，其实这也是好事情，既然已经"堵不住"了，那就该科学合理地进行开发创造，并使之更好地赋能学生的阅读。

如前面所提到的"键盘塑盘古，鼠标造大禹"就是一种很好的存续方式，融入现代技术来重述传统经典，让神话故事焕发出现代气息，赋予现代元素，从而更加贴近现代儿童的审美与创造需求。这应该说就是一种非常成功的存续方式。而类似这样的存续方式还有很多，都是在充分发挥声、光、电、磁、芯片等虚拟和半虚拟载体和介质的作用以及借助数字化、智能化等虚拟形态，让原有单一单调的文本描述、插图互照等，变得有声有色、有趣有味，既"看得见了"，也"摸得着了"。"互联网+"时代，数字化存续带给我们不一样的阅读体验和收获。

此外，数字化存续，让我们每一个人也能拥有一个可以流动的"图书馆"，所谓"一屏万卷"，存续变成了收藏，阅读已经进入了"个人收藏"时代。基于"互联网+"特有的共享与连接功能，数字化资源将越来越多。我们知道，中国上古想象力的集大成者《山海经》因其瑰丽的想象和丰富的故事流传至今。在全球化的背景下，我们应该如何解读《山海经》的文化意义？数字时代的今天，艺术家们如何利用新技术重新演绎《山海经》？腾云文化论坛对这些问题进行了深入探讨。2019年3月23日下午，主题为"想象的发端：山海经与诸神的世界"的腾云文化论坛第三期在北京举办，6位对历史、神话和传统文化颇有研究的专家和艺术家到场，探讨了《山海经》的神话价值及如何通过现代创作重新焕发生命力。可以预见，越来越多的神话故事将变成"数据"，被赋予时代元素，并被不断地被读取和演绎。传承经典，重述神话故事，需要这样的存续和演绎方式。这种变化，是现在以及未来可以拓展与利用的资源，教学中，我们有必要让学生了解一些，主动为他们建立连接，一起分享这种资源带来的视觉冲击，从而满足他们多元的阅读需求。封锁与封闭，只会让我们的阅读视野与格局趋向狭隘、单一。

三、"互联网＋神话故事"：创造线上线下更大的"神话世界"

以前，教材是儿童的全部世界；现在，全部世界成为儿童的教材。"互联网＋"连接一切，线上线下融为一体，而今天的这些，对于之前来讲就是一个"神话世界"，如今我们的儿童已经融入整个"世界"。所以，我们必须正视：教材只是一个载体，"互联网＋"时代重述神话仅仅依托单一的教材是不够的，这样的一个单元设计也是不完整的，教材不是全部，趋向"教材＋"并融合数字化存储的线上线下的存续方式，一定会让神话故事更具神话魅力，更贴近现代儿童的审美阅读。无疑，"互联网＋神话故事"正在创造线上线下更大的"神话世界"。

1. "互联网＋神话故事"趋向全年龄段的拓展

每一个年龄阶段的人都可以在线上线下搜索到自己喜欢的神话故事，真正实现因人而异、因需而异，个性化的定制模式将成为可能。

2."互联网 + 神话故事"趋向全域阅读的统整

互联网连接一切，阅读不再是单篇深入，而是群篇并蓄，基于技术赋能，阅读更加趋向于这一主题的统整化与系统性，深度阅读将变为现实。

3."互联网 + 神话故事"趋向全息场景的体验

"互联网 +"时代，阅读的边界已经被打破，视觉、听觉、触觉乃至影像融为一体，呈现出一种全息化的场景阅读模式。人在场景中——人不知不觉已经进入到了神话故事中，阅读体验因此将更加多元、生动。

互联网是看不见、摸不着的存在，本身就是一个"神话故事"，连接了线上线下各种各样的信息，让彼此陌生的人走到一起，形成了庞大信息与社交网络。尤其当下，随着互联网、多媒体技术的发展，那些古老的神话故事和神话人物，因其独具异彩的象征能力而日益成为文化生产和文化表达的重要资源，不断被重新演绎，带入儿童的世界。

马克思曾说："人们能够自由地获得世界范围内的最大信息，才能得到完全的精神解放。"反观"互联网 +"时代，就是一个信息爆炸的时代，也是一个精神解放的新时代。所以，当下及未来的阅读变革，如果能很好地借助"互联网 +"，让学生自由地去搜集、处理信息，并有机形成线上线下相关信息的连接与统整，就能实现阅读的"完全的精神解放"。

重述神话故事如此，其他文体的阅读也是如此。

作家巴尔扎克曾说过："我不在家，就在咖啡馆；不在咖啡馆，就在去咖啡馆的路上。"未来阅读的"咖啡馆"，在课堂上，也在"云上"。阅读，从线下到线上，云间的互联互通，必将成为未来阅读的新样态。

第四节
空间互联："快乐读书吧"的云间新样态

　　未来阅读，发生在课堂，栖居在"云中"。
　　谈及快乐读书，现在的孩子读电子书的快乐可能要更胜过读拿在手中的书本了。随着互联网技术的发展，有声阅读、可视化阅读、场景阅读等层出不穷，彻底改变了阅读的意识形态。原来我们总认为阅读的内容是多元的、可选择的，可如今连阅读的形式也是多元的，时时处处都可以自由选择。这种不一样的体验，所带来的快乐是不言而喻的。再者，儿童天生好奇，且有着强烈的求知欲，在这样的内心驱动下，必然会越来越喜欢"掌上阅读"，也就是当下非常流行的"屏读"、泛在阅读、碎片化阅读等。

一、"快乐读书吧"的阅读课程样态

　　统编教材中所呈现的"快乐读书吧"阅读课程的整体框架结构如下页表所示。在整个"语文要素"的推进中，虽然仍局限在线下的阅读，但是在阅读的

内容上已经开始向外界打开——"相信你可以读更多"便是在内容上的延展。但是，我们也应该看到在阅读形式上并没有颠覆性的改变，如更多的是"找来读一读，和同学们交流你的收获"，阅读的路径和渠道并没有实质性的拓展。

册别	主题	内容/书名	语文要素
一上	读书真快乐	介绍"阅读方式、阅读成效、阅读地点、阅读愿望"	引导读书兴趣，了解基本的课外阅读要素
一下	读读童谣儿歌	《摇摇船》《小刺猬理发》	开启主题阅读样态，积淀富有韵律的语言
二上	读读童话故事	《小鲤鱼跳龙门》《"歪脑袋"木头桩》《孤独的小螃蟹》等	读童话故事，学习从封面获取信息，知道要爱护书籍
二下	读读儿童故事	《神笔马良》《七色花》等	读儿童故事，学习从目录中检索信息
三上	经典童话	《安徒生童话》《稻草人》《格林童话》	读中外经典童话，通过想象领略童话的语言魅力
三下	寓言故事	《中国古代寓言》《伊索寓言》《克雷洛夫寓言》	读中外经典寓言，了解故事内容，联系生活理解故事道理
四上	神话故事	《神话选译百题》《山海经》《希腊神话》等	读中外神话故事，感受神话中神奇的想象和鲜明的人物形象
四下	科普	《十万个为什么》《穿过地平线》《细菌世界历险记》等	读科普作品，感受与体会科学世界里的奥秘
五上	民间故事	《田螺姑娘》《梁山伯与祝英台》《八仙过海》等	读中外民间故事，了解故事的主要内容，感受故事中朴素的价值观
五下	古典名著	《西游记》《三国演义》《水浒传》《红楼梦》	读古典名著，走近故事里的人物，感受故事的主要内容
六上	成长小说	《童年》《小英雄雨来》《爱的教育》等	读长篇小说，学会理清人物关系，通过生动的故事情节感受人物形象
六下	世界名著	《鲁滨逊漂流记》《骑鹅旅行记》《汤姆·索亚历险记》《爱丽丝漫游记》	读世界名著，通过了解故事的写作背景，更好地理解作品的内容和价值

其实，今天的互联网已经向我们每一个人敞开了，我们没有理由"封闭"抑或封杀之，越是这样学生越好奇，而在强烈的求知欲和好奇心的驱动下，反而效果不好。所以，关键是我们如何引导，更大价值地发挥当下及未来网络资源带给我们的服务。

如今，云课堂、智慧云端等已经不是什么新鲜事物了。网络连接一切，已经让我们感受到了网络的强大，"十点读书""洞见""喜马拉雅"等已经渐渐融入到我们的学习和生活中来，不仅丰富了我们的学习与生活，也在为我们的学习和生活提供越来越好的服务。尤其是在2020年年初为应对疫情防控期间"停课不停学"的实际需求，服务和保障学生的在线教学、辅导答疑，无论是官方还是学校、教师及家长都在千方百计借助网络来学习，互联空间一下子向学生敞开，想读哪些书只要动动手指瞬间就可以实现，教师远程发一个链接，就可以实现网络资源的共享。

更不用说我们在"快乐读书吧"曾向学生推荐的那些书目了，学生阅读选择的空间在无限延展。由此，我们是否可以思考将"快乐读书吧"也放在"云"上呢？答案肯定是可以的。把统编教材中"快乐读书吧"所有涉及的篇目（名篇、名著等）及相关资源都"搬"到"云"上，并通过梳理、架构、链接，形成一个完整的云上阅读课程——"云吧阅读"，向学生开放，让学生无论在何时何地都能进行阅读。我们这样做，主要是为了解决目前统编教材的"现有供给"与学生"现实需求"之间的矛盾，更好地服务学生的个性化阅读。

二、"云吧"的阅读课程互联

如何实现呢？协同协作，共建共享。

1. 云上检索，适时连接

每一册的"快乐读书吧"涉及的阅读篇目不是很多，但是由此延展的空间却很大,如四年级上册第四单元围绕神话主题展开,虽然只是给我们列出了有关《炎帝尝百草》《共工触山》《羿射九日》等著名神话的题目,但是"相信你可以读更多"的提示则告诉学生"世界各地也流传着多姿多彩的神话传说"。

如何让学生读得更多?书本只是个"引子",课堂上老师的推荐也仅仅是"冰山一角",即使发动全班学生的力量回家去搜集也是有限的。线下有限,线上无限。网络连接一切。网上检索"神话故事",可以跳出无数个条目,总会有几个是我们可能喜欢和需要的,这时候我们就可以将这些需要的条目连接到我们的"云吧"上来,你一条,我一条,适合学生阅读、参考的资源就这样一点一点形成了,架构起一个强大的阅读资源空间。如果想购买实体书,则可以在家长的陪伴下网上下单,以此来丰富我们的实体阅读资源。不仅如此,偌大的网络空间还会为我们的选择提供无限可能,这样我们的阅读思维就不会仅仅停留在中国神话层面,还会涉及古希腊神话思维、美洲神话思维……未来,因人而异的个性化阅读实践会因此而精彩。

2. 云上众筹,精准供给

云上检索,确实可以不断丰富"云吧"的藏书量,但是,博观更需约取。阅读需要精品书目的涵养,约取精品书目是我们建设好"云吧"最为重要的保证。众筹,创造未来新的空间。为此,我们可以通过平台众筹的方式,向外界众筹我们迫切需要的书目,因为之前检索到的书目,有很多不一定能获得,不能为我们提供完整的阅读。这时候,我们就可以将之前检索到的我们感兴趣也特别需要的书目发布到网上进行众筹,可以是电子书,也可以是实体书,众筹的条件就是资源共享,但凡为我们提供资源的另一方,都可以同时共享我们的"云吧"资源。在这样的众筹方略下,我们就可以搜集、汇聚"世界各地流传着的多姿多彩的神话传说",学生只要到"云吧"转一转,就能找到自己想读的故事。

一开始可以根据"快乐读书吧"所有涉及的篇目进行线上线下众筹,如可以根据班级群体阅读社区的阅读需求，采用"你买书，我买单"的众筹形式进行众筹，当完成所有篇目的众筹之后，每一个人又可以根据自己的需要进行选择，从而实现阅读书目的精准供给。

3. 云上互联，交流分享

阅读是没有边界的，云上的阅读更是如此。网络连接一切，基本上没有什么我们检索不到，阅读跨界也是经常的事，这会让我们知道更多，彼此分享的也会更多。

阅读也是一个分享的过程。"快乐读书吧"不仅为学生提供了一个快乐阅读的平台，也提供了一个快乐交流的空间。而互联网的存在，为今天的阅读交流提供了一个更为广阔的空间，在这个空间内，学生几乎和任何人都可以交流分享，无论何时何地，只要有共同的话语都可以"聊起来"，借助"云吧"向外发声。这种交流应该是非常愉快的，因为大家都可以毫不保留地进行畅谈，交流不再是一对一，可能是一对成千上万，你也总能找到志同道合的朋友。因此，学生读书的激情也会暴涨。如统编教材三年级上册"快乐读书吧"中"相信你可以读更多"这一栏目，就列举了许许多多动人的故事：

当你走进叶圣陶笔下《稻草人》的世界，你会知道在夜间的田野，星星怎样眨眼，月亮怎样微笑。你还会知道，田野里的人们有着怎样的辛苦和悲伤。

翻开德国格林兄弟搜集整理的《格林童话》，你能从一个个妙趣横生的故事中，感悟生活的真谛和做人的道理。灰姑娘虽身处逆境，却仍然心怀美好，真诚待人；傻小子不知道"害怕"是什么，他勇闯魔鬼宫，惩罚了恶魔们……

童话王国中充满了爱与美，等待着你去漫游，去发现……

如何漫游？所有相关的资源都可以在网上检索到，还可以听书……总之漫游的方式很多，在这个过程中必然会有诸多发现，然后再将这些发现在

"云"上进行交流与分享。

4. 云上造景，创意赋能

我们不能否认，在"互联网+"时代，由于技术的发展与运用，一些经典的神话故事或是神话中的人物得到了淋漓尽致的创造与演绎。如电影《西游记之大圣归来》《哪吒之魔童降世》等，无论是情节构思、人物塑造，还是其中画面的设计，都给人耳目一新的惊叹，对经典神话故事的创新与开拓达到了一个崭新的高度。其实，不止如此，目前很多名著也被"数字化"，有的被拍成影视剧，有的被制作成学生喜欢看的动画片。当一段段文字变成一个一个场景时，阅读不仅变得更加多元，形式多样，而且可以随时随地发生。"快乐读书吧"不仅在课堂上，也可以在"云"上。

未来，"快乐读书吧"与"云吧"的空间互联，连接的不仅是线下线上的阅读资源，更连接起学生的阅读圈子，为增进学生之间的阅读交流搭起了桥梁，某种意义上还改变并丰富了学生的阅读方式，学生的快乐阅读因此而更快乐。

三、"云吧"：相信你可以读更多

前面提到，目前统编教材关于"快乐读书吧"的要求还仅仅局限于线下的阅读活动，线上的很多资源仍然得不到很好的挖掘与整合。如五年级下册"快乐读书吧"要达成的语文要素是"初步学习阅读古典名著的方法"，有哪些方法呢？可以借助资料，可以通过影视作品等进行古典名著的阅读。这可以通过线下的活动来完成，只是可能需要翻阅很多资料，耗费较长的时间。如果通过我们建设好的"云吧"，那么动动指尖就可以在瞬间实现对资料的检索和影视作品的观看。

因为，"云吧"不仅有《西游记》的电子书，甚至各种版本的都可以收集罗列，如少儿版、青少版、原著等，还有与《西游记》相关的一些可以阅读的资源，如影视作品、评书、听书、书评等。还可以连接"中学生听书"，扫码进入，就可以看到《西游记》电视剧视频合集、《西游记》听书合集、《玄奘西游记》合集、《西游记》插曲主题曲合集等，可以通过观看影像，以及用耳听的方式（听书）来"阅读"《西游记》。

在大数据、"互联网+"、人工智能时代，各种各样的演绎手段（创造性演绎）进一步提升了《西游记》的魅力，接下来我们就来盘点一下近几年的《西游记》改编影视作品：

2018年《大闹西游》（动画版的西游充满童趣，适合这个阶段的学生观看）；
2018年《西游记女儿国》；
2017年《大话西游之大圣娶亲》；
2017年《悟空传》（"我的名字是，齐天大圣"这句台词一出口就感觉整个人都燃炸了）；
2017年《西游伏妖篇》；
2016年《西游记之孙悟空三打白骨精》（演绎不一样的耳熟能详的三打白骨精的故事，回味经典）；
2016年《大话西游3》；
2014年《西游记之大闹天宫》；
2013年《西游降魔篇》。

当然，其中有的适合儿童阅读，有的不适合，需要我们筛选后以供选择。"云吧"的建立目的就是要将这些散落的资源进行整合，将那些优质的、适合每个年龄段儿童阅读的资源整合在一起，从一定意义上解决目前供给之间的矛盾，提供更多的选择，满足阅读的需求。可以说，同是一部《西游记》，"云吧"上阅读更精彩，更全面，更具有选择性。在阅读《西游记》整本书的各个阶段中我们可以合理运用这些"元素"。如：在"导读"阶段可以通过线下阅读，或者是线上阅读，或者是听书的方式来"阅读"整本书，对于经典片段教师则可以通过多种形式予以呈现，如《猴王出世》《三打白骨精》等，就可以通过读原著、看影片来进行综合阅读；"交流"阶段则可以通过梳理"朋友圈"里的阅读笔记等，上传到"云吧"空间，并就作者的生平经历、写作背景、人物性格特点以及主要故事情节展开交流，然后适时地通过观看《百家讲坛》，或者检索名家对《西游记》的评论等，引导学生积极思考、领会作者想要表达的主旨意思和作品更深一层的思想境界。

未来，整个"云吧"的架构，展现的也是一个"阅读图谱"，而学生在阅读的过程中，随时随地所留下的"阅读痕迹"，对于更好地挖掘他们的阅读喜好、需求，以及发现阅读中出现的问题等，提供了数据参考和具体案例，其间他们由此所建立起来的"阅读圈子"更是线下阅读所不能相比的。

"相信你可以读更多"不再是一句空话、套话，学生有阅读的冲动，也有阅读的空间。作家巴尔扎克曾说过："我不在家，就在咖啡馆；不在咖啡馆，就在去咖啡馆的路上。"未来阅读的"咖啡馆"，在课堂上，也在"云上"。

阅读，需要找到属于自己的句子；同样，也需要链接属于自己的阅读"话语圈"。阅读链接，不仅要链接资源，还要链接人脉。未来阅读，是个性化的行为，也是社会化的需求。今天，你有自己的阅读"话语圈"吗？未来，一定会有的！

第五节
阅读链接：链接属于自己的阅读"话语圈"

链接、超链接……网络正在悄悄改变着知识的存在与表现形态。知识，不仅存在于书籍（教材、课本）与我们的大脑中，也存在于网络中。而且，知识的网络化正在日趋完善与庞大。未来，网络空间中所有的东西都是相连的，可以分享与聚合。

"互联网+"时代，链接无处不在。对于阅读而言，链接促进了信息的沟通与分享，极大满足了个性化阅读的需求。为此，我们在使用统编教材中"阅读链接"时可再向前迈进一步，从基于课文的筛选式阅读走向链接一切的泛在阅读。

一、阅读链接，链接了什么

统编教材从三年级开始在选文后面一共安排了34个"阅读链接"，其中三年级5个，四年级11个，五年级8个，六年级10个，上下册分别安排了17个。

梳理这34个链接，究竟都链接了哪些内容呢？我们不妨从课程目标的"三个维度"来考量，即知识与能力、过程与方法、情感态度与价值观。可以说，"阅读链接"并非简单的链接，还是一种引导与暗示，同时彰显的也是一种阅读的理念及操作的范式。

1. 链接知识，能力形成于其中

宽泛一点讲，34个"阅读链接"，链接的都是选文之外的知识，是对原有选文的一种知识补充、延伸、融通与整合，为我们推开了另一扇语文学习的窗户，由此也获得了很多选文（教材）之外的知识。如同样是写猫这种动物，老舍笔下的猫和夏丏尊笔下的猫、周而复笔下的猫是不一样的，当然学生笔下的猫和他们笔下的猫也是不一样的。我们读《普罗米修斯》知道"火"是普罗米修斯"盗"来的，而《钻木取火》（节选自《神话选译百题》）这则中国神话则告诉我们"火"是古人智慧的结晶。追本溯源，关于神话故事的好多知识亟待探索，而链接中袁珂的《神话选译百题》就是一座知识的宝库。而知识的获得，同样遵循一个从有序到无序，再到有序的过程，获取知识的能力也就在这个过程中一点一点形成。

2. 链接方法，过程贯通于其中

第一个"阅读链接"出现在三年级上册《铺满金色巴掌的水泥道》一课后，链接的是汪曾祺《自报家门》中的一个片段——"从我家到小学要经过一条大街，一条弯弯曲曲的巷子。我放学回家喜欢东看看，西看看，看看那些……看灯笼铺糊灯笼……百看不厌。"一个片段，150余字。先看看编者的意图，《教师教学用书》（以下简称"用书"）中"教学建议"提出："在课文学习后，可以将课后的'阅读链接'与'小练笔'进行整合教学，引导学生学习课文及'阅读链接'的表达方法，用几句话写出上学或放学路上看到的景色。"同时进行了具体的指导——借助"阅读链接"，进行比较阅读：同样是写上学、放学路上看到的景物，写法上有什么不一样？梳理一下，这样的"阅读链接"，其目的就是在引导学生进行对比阅读，以便更好地进行读写结合的训练。类似这样的"阅读链接"占大多数，如三年级上册跟进的第二个"阅读链接"——《秋天的雨》链接的是德国乌纳·雅各布的《迁徙的季节》（片段），"用书"建议："既可以作为拓展阅读材料，让学生课外读一读，也可以作为学完课文后的巩固运用材料，引导学生围绕'短文主要从哪几个方面写了秋天的景物'展开讨论交流，鼓励他们运用从《秋天的雨》中学到的方法找一找相关句子，了解短文主要从田野、植物种子、幼小的动物和候鸟几个方面写秋天。还可以引导学有余力的学生进行比较阅读……"而对比阅读的过程，渗透着阅读与表达方法的指导，更注重方法的迁移与运用，目的是夯实基础。

3. 链接情感，价值观渗透于其中

情感是不好链接的，但是可以通过所链接的内容把感情传递出来，形成碰撞与共情。五年级上册《圆明园的毁灭》一课的"阅读链接"链接了《七子之歌》（节选）和《和平宣言》（节选），照应了课后练习——"读读下面的'阅读链接'，结合相关资料，体会与《圆明园的毁灭》表达情感的相似之处。""用书"建议："结合阅读链接，整合本单元课文，加强朗读，加深理解，升华情感。比如，学完阅读链接的内容后，再读《圆明园的毁灭》，体会课文情感的变化；学完《圆明园的毁灭》，再读《少年中国说》（节选），感受梁启超的百年强国梦。"链接的是具体的内容，但内容所表达的情感与选文是一致的，那就是对侵略者的憎恶。再如，《鸟的天堂》的"阅读链接"链接了巴金自己写的另一篇文章《筑渝道上》，同样表达了对自然景色和对生命的热爱与赞美。在教学时，我们就可以让学生有感情地朗读这段话，从而更好理解本课所表达的对自然与生命的真挚情感。六年级上册《好的故事》则分别链接了文

艺理论家冯雪峰和鲁迅研究奠基者李何林关于这篇文章的论述和注解，两篇文章都挖掘了课文的深刻内涵，点明作者的写作的深层意图，即表达对故乡的怀念和对美好生活的追求。其中，第二则材料还阐释了文中"昏沉的夜"及"美的人和美的事"的象征意义，进一步补充了作者的写作意图，即表达对现实社会的厌恶。这些对于课文的理解，因链接内容而深刻，情感也不断得到升华，一个人的情感态度价值观也得到了很好发展。

对此，"用书"还建议，在学生借助资料理解最后两个自然段之后，还可以引导学生再读"阅读链接"，联系实际，梳理归纳阅读时可以借助的资料类型和指向：关于作者生活经历的资料，关于作者创作背景的资料，别人对这一作品的评论或注解，等等。再如"用书"对于《圆明园的毁灭》中的"阅读链接"，建议在借助资料理解内容和情感的基础上，进行有感情的朗读，拓展阅读《七子之歌》另外五首诗和《和平宣言》其余内容……其目的也在告诉我们，关于"阅读链接"不要仅仅局限于现有的这些链接，还可以再往前迈一步……

二、阅读链接，从课本筛选走向网络泛在

实际的教学中我们可以将"三个方面"相互渗透，融为一体，以此来整体提高学生的阅读素养，应该说非常圆满了。但由于当下及未来知识形态的改变，以及不断网络化的新形势，阅读不能就此止步，在这个基础上再往前迈一步，才是最终目的。

对此，我们该如何做呢？链接、去中心化、社群化是"互联网+"的三个本质属性，如同"三维目标"一样，互为作用，融为一体，共同架构起"阅读链接"的新样态。

1. 链接，改变传统阅读的筛选方式

传统的阅读基本上是从阅读书籍第一页开始，第二页，第三页……最后一页；一本书，两本书……以此类推，循序渐进，从而习得一本书或一门学科的知识。当下，由于大数据、"互联网+"以及人工智能的发展，技术的进步，直接导致信息的超载及知识的快速迭代，传统的阅读形式已经发生了根本性的变革，碎片化阅读、泛在阅读、跨界阅读等正在兴起，"一屏万卷"的阅读时代已经到来，网络化的知识结构及体系已经形成。

从一定意义上讲，课本（教材、选文）的知识是有限的，是整齐排列好的，不变的。首先要经过编者的筛选进入课本，然后还要经过教师的筛选（备课）传递给学生，最后学生自己还要再来一次筛选（悦纳），才能将知识纳入到自己的知识体系。未来，信息爆棚，知识呈现网络化结构，一个信息与另一个信息链接就可以形成一个"知识"，同样若干个相关信息链接就可以形成一个较为完整的"知识体系"。当然，这也要筛选，但这里的筛选避开了人为的繁琐劳动，取而代之的是大数据的精准推送、精准链接与具身服务，且不是一个信息，而是若干个……戴维·温伯格曾预言："网络化的知识，会让我们更加接近关于知识的真理。"

如前面我们提到《普罗米修斯》一课所链接的是《神话选译百题》中《钻木取火》的故事，如果"链接"的目的仅仅是比较一下两个故事的异同，感受取火方式的不一样，体会故事不同的神奇，那么本课的教学目标是达到了。但是，也失去了一次很好的探究中国神话与外国神话精神内核不同的机会。引用美国哈佛大学神学院教授大卫查普曼的话来说："如果去读一下中国神话，你会觉得他们的故事很不可思议，抛开故事情节，找到神话里表现的文化核心，你就会发现，只有两个字：抗争！"敢于抗争，不服输，正是我们的民族精神，也是我们的民族信仰。如果在课堂上我们能把这些内容"链接"到阅读中来，那么学生阅读的就不仅仅是神话本身，也就不会停留在课本选文的阅读上，

"跳"出来,"链"上去,不一样的阅读也就开始了。其实这也在照应本册"快乐读书吧"中的阅读理念——"让我们阅读更多的中国神话,感受神话按永恒的魅力""相信你可以读更多"……

这期间,我们是为学生提供了另一种链接方式,但同时也让学生切实感受到了这种方式的存在价值,对于满足各自阅读需求也必将带来不一样的链接方式,自觉主动地去寻找适合自己的"阅读链接",阅读会因此而更富有创意,更精彩。

2. 去中心化,推动个性化阅读进程

以往的学习是,教师教到哪里,学生就学到哪里,知识被分割成若干个主题单元,分布在一册一册的教材中,课外知识基本上与课文是没有关联的。因此,传统的课堂,教师的权威是至高无上的,我们的知识来自课本,也来自教师,也是毋庸置疑的;但是,因为大数据、"互联网+"、人工智能时代的到来,"知识无论从形式与数量上,还是从内容与质量上,都突破了纸张的限制与原有的学科体系"[①]。如今,知识形态已经发生变化,并存在于网络的每一个角落,网页、个人主页、网络空间、微信、朋友圈……更为重要的是这些知识都是"链"在一起的,随时随地可以"链接",任何人任何时候任何地点都可以在第一时间获取,没有门槛,没有权威,没有高低之分,知识的泛在与大众化,为每一个人的阅读提供了平等的机会。

"互联网+"时代,"去中心化"让每一个人都能平等、自由地做自己想做的事情。互联网一头连接着知识,另一头连接着我们,每一个人都有自由发表意见或观点的权利,同时对于知识的获取,没有了课堂上教师的绝对掌控,有的是师生都可以自由平等地去链接与分享知识,甚至可以突破学科思维的局限

---

① 刘和海,李少鹏,王琪."互联网+"时代知识观的转变:从共建共享到众传共推[J].中国电化教育,2016(12).

性,跨界阅读、无边界阅读、泛在阅读等都有可能自由发生,所获得的知识也不再具有单一性,跨界、交叉与融合成为获取知识,甚至是解决问题的又一条路径。

如学习《丁香结》(六年级上册),为更好地理解课文中含义深刻的语句,"阅读链接"链接了四句跟丁香结有关的诗句,"用书"建议:"诗文对照,有助于理解本文内容,领悟文中含义深刻的句子,同时增加语言积累。"为更好理解与领悟含义深刻的句子,增加语言积累,这样的链接非常有必要。我想,课堂上,老师能做的也就这些了。但课外学生可以做的,能做的,却不止于此。"丁香有结,芭蕉难解,古代文人惯用以比喻愁绪之郁结难解,并逐渐成为比较固定的文学意象。"对此,课堂上很难用一两句话就能诠释清楚,应循着"阅读链接"所提供的"诗句"之线索,去网络中链接、检索、查阅更多的内容。

如"芭蕉不展丁香结,同向春风各自愁"是李商隐笔下最美的相思离愁。对此,近代知名学者俞陛云在《诗境浅说正续编》中说,这两句诗即借物写愁:丁香之结未舒,蕉叶之心不展,春风纵好,难破愁痕,物犹如此,人何以堪!可谓善怨矣。

同时,去中心化的阅读还可以形成个体知识的阅读累积。如"丁香"作为审美意象,最早大概出现在杜甫的《江头五咏·丁香》一诗中,只不过还未与"愁"发生关联。直到李商隐,丁香才与忧愁结下了不解之缘。再到唐五代时期,李璟写了"青鸟不传云外信,丁香空结雨中愁",牛峤写了"自从南浦别,愁见丁香结",丁香便成为忧愁苦闷的代名词。等到了宋元,"芭蕉""丁香"被诗人演绎得更加凄美绝伦,于是这样的句子随处可见——

欲知方寸,共有几许清愁,芭蕉不展丁香结。——贺铸《石州引·薄雨初寒》
要识愁肠,但看丁香树。渐结尽春梢。——柳永《西施·三之三·仙吕调》
一声梧叶一声秋,一点芭蕉一点愁,三更归梦三更后。——徐再思《水仙子·夜雨》

雁啼红叶天，人醉黄花地，芭蕉雨声秋梦里。——张可久《清江引·秋怀》
……

乃至是现代诗人，也是如此。戴望舒那首《雨巷》就极具代表性："撑着油纸伞，独自 / 彷徨在悠长、悠长 / 又寂寥的雨巷 / 我希望逢着 / 一个丁香一样地 / 结着愁怨的姑娘 // 她是有 / 丁香一样的颜色 / 丁香一样的芬芳 / 丁香一样的忧愁 / 在雨中哀怨 / 哀怨又彷徨……"

"阅读是学生的个性化行为。""关注学生通过多种媒介的阅读，鼓励学生自主选择优秀的阅读材料。"未来，去中心化阅读满足的就是学生个性化阅读的迫切需求。

3. 社群化，找到属于自己的阅读圈子

班级是一个社群。当下，阅读的状态基本还是囿于班级授课制，但即使是分组的合作学习，教师的指导仍占主导地位。阅读哪些内容，读得怎么样，还在老师的掌控之中，当然最基础的阅读指导还是需要的。然而，"互联网+"时代，社群的概念已经被放大。物以类聚，人以群分。互联网已经让我们彼此的交流与沟通变得更加便捷、快速，随时随地都可以找到志同道合的学习伙伴，很容易就能组建或找到属于自己的"学习圈"。

在班级社群中，学生阅读的文本是经过编者的筛选、过滤后直接提供的，教师的存在是答疑解惑，适当地补充一些知识，但这种传统的知识筛选与过滤的方式，总的来说还是在做减法。但在"互联网+"时代，"互联网面对知识超载的过滤方式是向前过滤，对信息筛选不是过滤掉东西，而是把过滤的结果推到最前面，而没能通过过滤的东西，仍然能从后面找到它"[1]。在这个过程中，每一个人都可以根据自己的需要去筛选与过滤知识，为我所用，做的却是

---

[1] [美]戴维·温伯格.知识的边界[M].胡泳，高美，译.太原：山西人民出版社，2014.

加法。而且在这个过程中，互联网还不露声色地将这些志同道合的网络大众聚拢起来，形成一个一个社群，在这个社群中尽管大家非常陌生，但是每一个都可以自由地去转载、分享、评论、回复……互动成为一种自发、自觉、自省的行为方式。

如在学习《祖父的园子》（统编教材五年级上册）时，选文链接萧红《呼兰河传》结尾的一部分内容。"用书"建议："引导学生从整本书的视角重新审视课文，初步体会这部小说的悲剧意味，有助于学生对文学作品产生层次更丰富的阅读体验，更深入地体会课文表达思想感情。""有条件的班级，课后可以布置学生课外阅读《呼兰河传》，并在合适的时候开展班级阅读交流会。"对于这样的"建议"，我们如何落实？很明显在课堂上比较难以完成这么多的"任务"，但是我们却可以借助互联网，引导学生围绕各自感兴趣的话题，如"小城风情""小城人物""小城故事""萧红童年"……主动在网上发布主题，自发形成阅读圈，进行阅读的检索、分析、梳理与整合。这个时候，这部小说的悲剧意味就可以在"小城故事"的"讲述"中、"小城人物"的"分析"中慢慢体会，进而更好地去理解茅盾对《呼兰河传》的评价——"它是一篇叙事诗，一幅多彩的风土画，一串凄婉的歌谣。"此时，可以想象对于"凄婉的歌谣""悲剧意味"……将不再是贴标签和简单的告诉，转化为大家在阅读圈中共同的发现与认同。相信，经历这样的阅读过程后，学生对整本书的阅读体验会更深刻，更多元；而且线下的班级阅读交流会不仅内容上丰富，而且形式上将更多样。此外，社群中的任何一个成员还可以把共同建立起来的知识系统通过网络社交媒体，如 QQ 群、微信公众号等进行推送与分享，从而形成知识的具身链接。[1]

当下，这些都是不争的事实，值得我们关注与思考。但也需要注意，在

---

[1] 刘和海，李少鹏，王琪."互联网+"时代知识观的转变：从共建共享到众传共推［J］. 中国电化教育，2016（12）.

去中心化的阅读及融入社群的过程中，由于没有外界的监管，自由的"度"还是要把握好的。网络世界很精彩，网络化的知识也很多元，需要博观约取，更需要"去其糟粕，取其精华"的态度，既不能轻易盲从，也不能泛泛为之。阅读，从课本筛选走向网络泛在还是需要一个渐进与验证的过程。

三、阅读链接与超链接阅读

大数据、"互联网+"、人工智能时代，网络上那些角角落落上所遇到的链接，不仅彻底改变了知识的结构属性，也改变了我们的阅读状态。我们的确还是需要在阅读链接上再往前迈一步，进行超链接阅读的阅读实践与探索。

实践证明，对于阅读而言，超链接阅读，不仅将知识链接到它最初的本源，还将知识链接到知识被阅读、筛选、链接、转载、讨论、碰撞、分享的具体语境和过程中，阅读的去中心化与社群化得到了很好的体现，个性化阅读必将实现。虽然时代的进步、知识的网络化进展，必然会慢慢地消解教师的知识权威，但这并不意味着教师的落幕，而是对教师提出了新的挑战——学会改变，学会链接，重新定位教师的功能与内涵，建构出新的教师知识权威。

未来阅读，需要教师对阅读重新进行认识与定位。

"有问题找百度""'作业帮'来帮你"……如今,问问题的渠道已向四面八方打开。而当错综复杂的问题迎面而来的时候,我们该怎么做?需要制定一张"问题清单",需要来一次"清单革命"。

第六节
问题清单:"问题化阅读"的"清单革命"

今天,你提问了吗?

提问,是最为常见的阅读策略。为学患无疑,疑则有进。学生天性好问,你一问,我一问,虽然看似较为零散,但是如果加以梳理和整合,你就会发现所提出的这些问题是有关联的,共同架构了所面临的或需要解决的问题列表,这个问题列表就是我们常说的问题清单。

一、问题清单·阅读策略

统编教材四年级上册第二单元为"阅读策略"单元,旨在通过本单元所呈现的问题清单的设计与实践,让学生习得提问策略,让"发现问题,提出问题,解决问题"成为良好的阅读习惯,促进学生阅读素养的整体提升。下面,我们以《呼风唤雨的世纪》一课为例,首先来罗列一下课文中出现的问题:

1. 为什么说20世纪是一个"呼风唤雨"的世纪呢?
2. "发现"和"发明"有什么区别?
3. "'千里眼''顺风耳'和腾云驾雾的神仙"在现代指什么?
4. 20世纪的科学技术还创造了哪些神话?
5. 为什么"科学使得我们这个时代不同于以往的任何时代"?
6. 未来科学技术的发展还会给我们的生活带来怎样的变化?

课文的"阅读提示"告诉我们,"一位同学读了下面这篇文章,在旁边和文后写下了自己的问题",其中1—4是以旁批的形式出现,5—6是以尾批的形式出现,从一个学生的视角展开,模拟同伴思维提出问题,并形成问题清单。课后要求是"分小组整理问题清单,筛选出对理解课文最有帮助的问题"。如何进行整理和筛选?接下来又跟进——"下面是一个小组在整理问题时的讨论,你从中受到哪些启发?"我们再来看所列举的问题清单:

问题一:什么是"程控电话"?

问题二:"忽如一夜春风来,千树万树梨花开"是什么意思?20世纪的科学成就为什么可以用这句诗来形容?

问题三:现代科学技术给我们带来的全是好处吗?

……

对于问题清单的旁注,就是"启示",为整理和筛选问题提供了参考。一并在此对应列出:

1. 我发现阅读中产生的问题很多,有些问题不影响对课文内容的理解。
2. 有的问题可以帮助我理解课文的内容。
3. 有的问题可以引发我深入思考。

归纳一下，无论是单元导语、批注（旁批和总批）还是"阅读提示"，都指向阅读策略的学习："阅读时尝试从不同角度去思考，提出自己的问题。"这也是对本单元"语文要素"的具体细化与落实，即通过问题清单的设计及实践，引导学生发现提问的方法。

问题清单，是问题的具体列表，也是阅读的实践策略。如何理解？问题清单是解决问题的前提，有助于对阅读信息进行收集与整理，为深度阅读提供支架，从而让阅读的思维变得清晰可见。而统编教材编写意图非常明确，那就是借助问题清单，为学生在阅读实践时能提出好问题做出示范，这就是"样本"。

二、问题清单·问题化阅读

纵览整个单元，问题清单的应用，不仅仅为学生提供一个较为系统的阅读策略，还为深入进行问题化阅读提供了实践样本。

北京师范大学伍新春教授认为："国际阅读学界通常把阅读发展分成三个大的阶段：第一个阶段是学习如何阅读，解决字词识别和兴趣培养的问题；第二个阶段是通过阅读来学习，解决如何读懂文本以获取其中信息的问题；第三个阶段就是通过阅读来实践，开始超越文本本身，超越阅读，让孩子发展合作意识、创造性、批判性等素质。此时，文本仅仅是一个载体，它不再局限于语文的范畴。"那么，如何通过阅读及借助问题清单来实现这三个阶段的目标呢？

1. 立足课本的问题化阅读实践

阅读，始于问题，终于问题。

问题化阅读，是以学生的问题发现与提出为阅读的开始，无疑问题清单就是阅读的开始。前面提到，问题清单是阅读过程中所面临的或需要解决的问题列表，按照管理学家钟国兴的观点，一般有三个层次：

第一个层次是初步清单，把所能想到的问题按照分类全部列出；
第二个层次是围绕焦点问题列出的问题清单；
第三个层次是按照症结点列出的问题清单，被称为"问题树"。

结合《呼风唤雨的世纪》一课中"一位同学"提出的问题，再次进行梳理，1—4旁批的问题可以纳入第一个层次，5—6尾批的问题可以纳入第二个层次。要想达成第三个层次的目标，需要众多元素的介入。

首先，要明确语文学科要解决的基本问题。

其次，要把握本单元要解决的主要问题。本单元要解决的主要问题是"阅读时尝试从不同角度去思考，提出自己的问题"，也是对本单元"语文要素"的回应。

再次，要解决本课教学的重点问题。对于《呼风唤雨的世纪》一课而言，要重点解决的问题是"能给问题分类，筛选出对理解课文最有帮助的问题"。

最后，在此基础上，我们就可以按照"症结点"列出的问题清单（见下表），仍以"一位同学"的问题清单为例，试加以分解与整理，完善生成一个较为系统的阅读《呼风唤雨的世纪》这一课的问题清单。

分类	症结点	问题列表
学科问题	本单元的主要问题	阅读时能否从不同角度去思考，提出自己的问题？
	本课教学的重点问题	能否给问题分类，筛选出对理解课文最有帮助的问题？

续 表

分类	症结点	问题列表
学生问题	学生起点问题列表	为什么说20世纪是一个"呼风唤雨"的世纪呢？
		"发现"和"发明"有什么区别？
		"'千里眼''顺风耳'和腾云驾雾的神仙"在现代指什么？
		20世纪的科学技术还创造了哪些神话？
	学生重点问题梳理	为什么"科学使得我们这个时代不同于以往的任何时代"？
		未来科学技术的发展还会给我们的生活带来怎样的变化？
教师问题	教师引导性问题（课堂主干问题预设）	驱动问题：分小组整理问题清单，哪些问题对理解课文最有帮助？
		推进问题：围绕小组整理问题的讨论，你从中受到什么启发？
		引申问题："现代科学技术必将创造一个个奇迹，不断改善我们的生活"，能否联系生活实际，谈谈自己的理解？
核心问题	筛选对理解课文最有帮助的学习问题	从哪些地方可以让我们感受到这是一个呼风唤雨的世纪？对此，你还有哪些问题要提出？

  以上问题列表参照了《问题化学习：教师行动手册（第二版）》[1]中的"三位一体问题产生表"，稍有改动。其中，将学科问题（这里主要立足本单元、本课教学）、学生问题、教师问题和核心问题进行梳理，并围绕"症结点"架构关于本课学习的问题列表，这样的架构也就是第三层次的"问题树"。其中，教师引导性问题（课堂主干问题预设），源自对课后练习的梳理；核心问题关

---

[1] 王天蓉，等.问题化学习：教师行动手册（第二版）[M].上海：华东师范大学出版社，2014.

涉对理解课文最有帮助的学习问题的梳理,集中体现出"以学科知识为基础,学生问题为起点,教学意图为导向"的问题化阅读的整体架构。

如此这样,在学生问题清单的基础上进行整体规划与设计,形成问题化阅读的问题列表,进行问题化阅读的实践探索,从而更好地借助问题清单理解课文内容。

2. 基于网络的问题化阅读创意

对于阅读而言,问题清单的来源越广泛,对问题的认识就能越全面,理解课文内容也就越简单、深刻。问题清单是阅读实践的行进线索,也是开展网络问题化阅读的桥梁和纽带。实践中,我们发现问题清单上所例举的很多问题是可以回应文本并得到解决的,但有的问题却很难仅凭借文本就能解决,如本课问题清单中所提出的:"20世纪的科学技术还创造了哪些神话?""未来科学技术的发展还会给我们的生活带来怎样的变化?"

可以讲,在今天没有哪一个人不曾借助百度等搜索引擎来解决现实生活与学习中遇到的种种问题,很多问题都能在瞬间得到想要的答案,即使不能,也可通过百度等平台进行即时性发布,发动更多的人,一同来寻找该问题的答案。而在这个过程中我们所进行的就是基于网络的问题化阅读,解决问题的路径不再以纯粹静态与客观的方式呈现,而是在一种互动共享的网络环境中互动生成。

更为重要的是随着时代发展,大数据、"互联网+"、人工智能等技术的广泛应用,问题化阅读也进入一个转型阶段。"有问题找百度""'作业帮'来帮你"……任何人、任何时候,都可以根据自身的需求,有针对性地提出问题,同时这些答案又将作为搜索结果(更多可能是碎片化信息),进一步提供给其他有类似问题的人,进行问题的发散。如此循环,不仅聚拢一个无限大的问题清单,同时也架构起一个基于技术支撑的互动式的问题化阅读分享平台。而未来由于技术的跟进,这个平台的功能将越来越强大,甚至是超乎我们今天的想象。

针对"未来科学技术的发展还会给我们的生活带来怎样的变化","百度知道"的"我来答"就为我们提供了12个"回答",如:

未来科学技术的发展给我们的生活带来了很大很大的变化,比如,我们可以坐着宇宙飞船去宇宙外太空探索外太空的奥秘,看到自己意想不到意料不到的东西,别人从来没有看到过的东西。未来的科学技术会不断改善我们的生活,可以利用机器人来帮我们工作,我们的工作会更轻松一点。(有改动)

同时还为阅读检索提供了"其他类似问题"的多个链接。更多的链接,给我们解决问题提供了更多的路径和可能。与此同时也会倒逼问题的跟进、丰富与升级,也就不至于停留在一种简单的碎片化阅读上,阅读会因为问题清单的丰富与升级,而变得有深度、有质量,对问题的理解可能就越全面、深刻,甚至完美。如链接"科学技术给我们的生活带来的变化",内容更丰富,更精准,摘录如下:

随着科技的发展,我们的生活更加丰富多彩,世界更加和谐、美好!

科技给人类带来了太多,像火药的发明,使人类能劈山开路、架桥、建筑,带动了各项事业的发展,军工也得到迅速发展;造纸和印刷技术的问世,使人类有了书写条件,推动了人们文化、艺术、语言、科技、经济等方面的广泛交流;指南针的发明,促进了航海、贸易的发展,促成了地理大发现,使人类认识了地球;现在的杂交稻、超级稻的科技成果,提高了粮食产量,解决了世界上人口的吃饭问题;航天科技使我们登上月球、探索火星、在太空中漫游;人造卫星为我们提供了卫星云图和天气预报,还能转播电视信号;机器人能做许多人类做不到的事情,如潜入深海考察,闯入火场救人……

人类还发明了电话、电脑等,这些东西让我们的生活更方便。两个人远隔千山万水,可以通过电话和对方进行语言交流,这就是电话给人类带来的奇迹。

通过电脑可以搜索资料、与远在别处的亲朋好友文字交流或视频对话。还可以给对方发 E-mail，几秒钟就可以收到，这样既节省了纸张，还可以让对方快速收到……

科技发展不仅提高了我们的生活水平，还改善了我们的生活质量！（有改动）

仅上面这一条，就有近300人参与互动并点赞，足见大家对这样的回答还是非常认可的。不仅如此，还可以建立"超链接"，链接到"参考资料来源：百度百科·科学技术"，获得更为权威的解读和解答。

基于网络的问题化阅读实践活动，始于问题清单，但又超越问题清单，其价值并不仅仅是网络所提供丰富的信息资源、无限的协作空间，以及所能提供的通信工具、认知工具、建模工具、系统工具，其更大的价值则是基于网络共同体所构建的一种新的未来阅读形态——互动与共享。

问题清单的存在是一种静态表现，而基于网络的问题化阅读所呈现的则是一种"互动与共享"的动态生成。因为在这个过程中，可能会遇到几种不是很成熟的解决方案，但随着时间的推移，参与回答这个问题的人会越来越多，最终将形成一个科学的答案，至少是一个较为完美的参考答案。与此同时，问题不仅带来科学的答案，还能引来更多有价值的问题，如此反复，进行更多未知领域的扩充与链接，从关注回答问题的价值转向关注提出问题本身的价值。未来，学生最为需要的恰恰是提出问题的能力。

3. 面向未来世界的问题化阅读展望

列出问题清单的阅读策略是让学生主动去发现问题，找出问题，同样也需要能独立地去解决好问题。今天需要，未来更需要。

为未知而教，为未来而学。

未来，充满更多的未知。以前，学生把课本看作整个世界；但未来，整个世界都将变成他们的课本。阅读的时空更大了，要摆脱和改变碎片化阅读的负面影响，问题清单必不可少，因为会阅读，更会提问，一定是适应未来发展的综合能力。未来，提出问题，一定比解决问题更重要。因为你所提出来的问题，即使你自己解决不了，也有人帮你解决，而且一定会让你满意。

为此，面向未来世界的问题化阅读，需要一场问题清单的革命。

大数据、"互联网+"、人工智能时代，随着网络知识的累积，答案和链接触手可及。而且这些知识都将以大数据的形态存在。大数据，正在改变人类探索世界的方法。这个时代，知道"是什么"就够了，真的没必要知道"为什么"。让问题自己跳出来，或许若干问题的聚合与碰撞，就是答案的所在。这也是为什么要对问题清单也来一次"革命"的主要原因。

所以，未来问题清单的设计，不再将完全囿于因果关系的探索，而更多趋向于相关关系的链接，寻找数据（问题）间的关联并利用这种关联，这样就能帮助人们更好地了解未来世界，适应未来的发展。

总结一下，问题清单的设计将集中趋向三个方面的变革：

第一，问题清单的内容设计不再是"随机样本"，且对于问题的解决也不再依赖于抽样样本，"互联网+"时代，"样本＝总体"，我们可以收集所有的数据（一个更大的问题清单）对数据（问题）进行深度挖掘与梳理。

第二，问题清单的目标设计不再苛求对问题回答的"精确性"，未来，将只有很少的一部分数据结构化地存在于传统数据库，网络中更多的是泛在的、混杂的、非结构化的数据，因此，寻找数据间的关联并利用这些关联，才是解决问题的最佳路径。

第三，问题清单设计与实践的最终目的是让数据（问题）自己发声，不再追求问题与问题、问题与文本、问题与……之间的内在"因果关系"，而将重点转移到之间"相关关系"的探索与实践上，因为"相关关系"可以帮助我们更好地捕捉现在和预测未来，解决实际问题。

西方有句谚语，说"预测未来最好的办法就是创造未来"。未来，问题清单也将以数据的形态出现，并融入到整个非结构化的网络知识体系当中，分布在网络的各个角落，实现创新与创造、分散与聚合、互动与分享。

"一屏万卷""一屏万课"时代，你在读"屏"，"屏"也在读你，展现的是未来阅读的新样态。未来，还需要纸质书阅读吗？相信你一定也曾叩问过，然而它们之间的博弈，并没有胜负之说，有的只是更好地为我所用。

第七节
深度阅读：纸质书与"一屏万卷"的博弈

　　从纸质书到"一屏万卷"的演进，改变的是形式，不变的是内容。
　　"一屏万卷"是技术进步的产物，标志着我们已经进入了数字阅读的时代。当代学生是数字的原住民，应当具备一定的数字素养，这也是《中国学生发展核心素养》中要求学生必须具备的一项关键能力。所以，"一屏万卷"的阅读，是浅阅读也好，深阅读也罢，导向很重要。我们要崇尚什么样的文化，形成什么样的能力，培养什么样的人……这些都是关键因素。
　　"一屏万卷"时代，需要深度阅读。纸质书与"一屏万卷"之间的一场博弈，为未来阅读指点了迷津，为更好地开展创意阅读实践指引了方向。

一、浅阅读与深阅读的一场较量

　　2019 年 4 月，北京大学中文系教授温儒敏、中国编辑学会会长郝振省、北京师范大学国际写作中心执行主任张清华围绕"跳出碎片化,回归深阅读"展开了一场高端较量。

温儒敏:如果记忆完全依赖互联网,那记忆就可能技术化,生物记忆变成物理记忆,这对人类的情感、性格、思维都会产生影响。

郝振省:浅阅读是一种浏览式、扫描式、"水过地皮湿"的阅读,其内容主要是资讯或娱乐性图文。浅阅读现象的产生和存在有一定必然性。

……

(转自《光明日报》,2019年4月10日)

既然是较量,必然有各自的观点及立场,但更为重要的是解决的策略,这一点才是当下我们最需要关注的。因为我们可以从他们的"较量"中发现问题,获得认同,还能从他们的"立场"中获得解决问题的智慧,以便于更好地进行阅读实践,不至于迷失方向,重蹈所谓"水过地皮湿"的覆辙。

张清华:社会的倡导非常重要,一个社会崇尚什么样的文化,是很关键的问题。

温儒敏:浅阅读对大多数人来说是一种必要的精神寄托……要让中小学生学会把持自己,不是被动地卷进流行文化,尽可能培养比较纯正的阅读口味和习惯,保持一种高尚的精神追求和良好的生活方式。

郝振省:如果说浅阅读是人们生活的一部分,深阅读就是生产的一部分。要有理论思维,就需要有深阅读的保障与支持。无论对于个人,还是对于民族和国家,只有深阅读才能培养理论思维的习惯、达到理论思维的境界、形成理论思维的成果。

……

(转自《光明日报》,2019年4月10日)

他们的立场，有上位的文化崇尚、精神寄托，也有关键要素与理论思维的加持，但对于当前学生的阅读实践，我更倾向于温儒敏先生所提出的"培养比较纯正的阅读口味和习惯"，把可以利用的碎片化时间、多样化的空间充分利用起来，增加信息量，扩大知识面，形成知识列表与知识储备。为此，我们与其去争论浅阅读与深阅读哪一个更适合当下的阅读需求，不如尽可能发挥不同阅读方式的最大优势和特点，取长补短，融合并蓄。

二、纸质书与"一屏万卷"的博弈

说来，浅阅读与深阅读的较量，实质是纸质书阅读与"一屏万卷"的一场博弈。关于"纸质书阅读"的定义，"百度百科"是这样界定的：

> 纸质阅读，是指以纸张为载体的区别于电子阅读的阅读方式，具有独特的价值，能给人以无与伦比的阅读体验。它不要求读者使用电子阅读设备或者连接网络，是历史悠久和人们习惯的阅读方式。纸质阅读具有不可替代性、便捷性和稳定性，占据阅读的主流地位。

这个界定相对而言是比较完整，比较权威的。那么"一屏万卷"又有什么无法替代的理由呢？据《2018年度中国数字阅读白皮书》统计显示：

> 截至2018年，中国数字阅读用户总量达到4.32亿，人均数字阅读量达到12.4本，人均单次阅读时长达71.3分钟……

"4.32亿""12.4本""71.3分钟"……对比2018年之前的数据，这个变化是相当惊人的，也说明数字化阅读已经逐渐深入到人们的生活和学习中，并被认可与悦纳——阅读,已经不仅仅是翻开一本一本的纸质书了。从竹简、帛书,到纸质书,再到电子书或电子水墨屏阅读器、互联网阅读、手机听书……随着技术的不断发展,阅读的介质也在不断地发生着变化与迭代,人们从读书到读屏,从看书到听书。如今,技术已经改变了阅读的存在方式与表现形态,"一屏万卷"的"屏读"时代已经到来。

提倡深阅读,担忧浅阅读,人们有种种忧虑是没有错的。但是,纸质阅读与"一屏万卷"的"屏读"并不是水火不容的两种阅读。"一屏万卷"的屏读代表的是新技术手段下的多元阅读方式,有其优势和特点。相比传统的纸质阅读方式,"屏读"更加便捷,资源更加丰富,阅读选择更多元、泛在。

深度阅读,首先在内容的选择上有品质,很多的纸质书是经过"大浪淘沙"般的筛选才进入人们的阅读视野的,确实无可替代,但仅仅从这一点来讲,如今的电子书也并不逊色,你所要的经典名著、品质优良的书都可以更加方便地下载、翻阅。其次,有品质的深度阅读,需要反复品味、咀嚼、揣摩,甚至是随时留下阅读感受(批注),要带着思考读书。纸质书在这个方面确实有优势,但这些优势在今天已并不明显,因为"屏读"也可以停留驻足、思考品味,不仅如此,还可以链接分享,互动交流,收藏推送……甚至还能借助"屏读"记录你的读书数据,对你的阅读进行干预和提升……所以,无论是纸质阅读,还是"屏读",只要能潜心阅读,都可以称得上是深度阅读。

三、"一屏万卷"时代,需要深度阅读

"一屏万卷"时代,学生更需要深度阅读。从阅读的分类来讲,学生的阅读属于"学习型阅读",不同于成人的"消遣型阅读",专业人员的"职业型阅读"。"阅读是学生的个性化行为。"当下对"个性化行为"的解读应更好地体现温儒敏先生提出的"培养比较纯正的阅读口味和习惯"。这是进行深度阅读的根本,纯正的阅读,最终趋向就是深度阅读。

1. 深度阅读，始于纸质阅读

深度阅读始于纸质阅读。从纸质阅读开始，也是当前班级授课制的特点。纸质阅读的载体是教材，教材所编排的一篇篇课文，串联起整个语文课程内容。深度阅读如何体现？以统编教材为例，每一篇选文并非孤立存在，前面有单元导语（涉及"人文主题"和"语文要素"），课后有练习设计，有的还有"阅读链接"或"资料袋"，略读课文虽然没有这些，但有"阅读提示"，整个单元还有"语文园地"的照应，有的还有与其主题相呼应的"快乐读书吧"，这些内容有机融为一体，为阅读的深入进行提供了一个又一个"支架"。同时，这些导语、问题、提示等，是支架，也是策略。

以《景阳冈》（统编教材五年级下册）为例，这篇选文主要由课文、节选回目注解、注释（脚注）、插图、课后练习（思考题）、"资料袋"等组成。其中，课后思考题（练习题）作为单元"语文要素"的具体化表达，不仅承载着教材编者的意图，也揭示了本课教学的目标与路径。这节课的课后资源主要由"课后练习""资料袋"两个板块构成。我们来看具体内容：

第一个板块：课后练习

1. 默读课文，遇到不懂的词语，如"梢棒、筛酒"，可以猜一猜意思。
2. 按照故事的发展顺序，把下面的内容补充完整，再说说故事的主要内容。

喝酒→（　）→（　）→（　）

3. 用自己的话详细讲述武松打虎的部分，可以加上适当的语气、表情和动作。
4. 对课文中的武松，人们有不同的评价，你有什么看法？说说你的理由。

武松真勇敢，"明知山有虎，偏向虎山行"。

武松很要面子，有些鲁莽，不听别人的善意的劝告。

第二个板块：资料袋

《水浒传》是我国著名的古代长篇小说，写了北宋末年以宋江为首的众多梁山好汉的故事。武松是这部小说的主要人物之一，在梁山一百单八将中排行第十四位，人称"行者武松"。景阳冈打虎之后，他被阳谷县令任命为都头。后来，他历经波折，在逃亡途中投靠梁山，成为十大步军头领之一。

如果我们好好研读一下这些内容，就会发现不仅"阅读古典名著的方法"都在这里，深度阅读一篇文章、一本书的策略也在这里。得法于课内，得益于课外。这同时也为课外阅读引领了方向，做出了指导，深度阅读也会因此一直延续。

2.深度阅读，需要借力"屏读"

阅读的程度如何？深到什么程度？是否可以"测量"出来？未来，一切皆可量化。阅读，也因此变得可见。因为你在读"屏"，"屏"也在读你。读什么？读你的眼球运动，读你的表情变化，读你手指留下的滑动痕迹……随之记录下的是你在阅读过程中的各种各样的数据，包括阅读速度、阅读内容、阅读互动……针对这些阅读行为可进行大数据的挖掘与分析，了解阅读情况，以便于更好地进行因材施"策"，精准供给，科学评价。

不仅如此，"一屏万卷"的"屏读"模式，所读的内容不仅是文字和插图，还有动画、流媒体、3D影片……毋庸置疑，书籍不再只是白纸黑字，它变成了文字、图片、声音、视频等多媒体元素的一个集合。人工智能、VR、AR、5G等技术的发展，使数字阅读的空间和场景得到极大拓展，让读者以沉浸式体验融入其中。读一本书不必再跑到图书馆或是书店，不论你在课堂上，还是在上学的路上，或者是在地铁上还是在家中，随时随地都能通过屏幕进行阅读。如我们阅读《水浒传》，不会再受限于传统的纸质阅读，不用再非买书不能读，也不用非要跑到书店、图书馆里才能读，打开屏幕，随时随地便可阅读；甚至还可以"听"，如在喜马拉雅上听书；可以"看"，看《水浒传》相关的影视……众多的网站、朋友圈、链接、超链接、人工智能、VR、AR等，会为你的阅读持续助力，让你浸润其中。

如戴上VR设备，去看《鸟的天堂》（统编教材五年级上册），马上就"置身"于"鸟的天堂"，徜徉于天马河之上，流连于南国美丽风光；翻开一本关于圆明园的书籍，眼前立即出现很多"复原"的图片，以及昔日的辉煌、毁灭后的现状和惨痛的历史记忆，等等。新技术的加入融合了人们的感官体验，使阅读变得更加生动立体。这样的阅读不仅是在用眼看，更是浸入到其中的场景里，与内容互动。你能说，这不是深度阅读吗？数字化阅读是趋势，虽然仍不可替代传统阅读，但是不会影响深度阅读的发生，相反还会在一定程度上助推深度阅读的发展。

3. 深度阅读，纸质阅读与"屏读"的共同抵达

现在电子水墨屏技术已经实现了纸质化书籍的呈现，虽然距离真正手持纸质书阅读的真实体验还有差距，但是在满足阅读需求上又向前迈进了一大步。事实上，如果仅仅是简单的阅读，纸质阅读和"一屏万卷"的"屏读"的差别，只不过是媒介、载体的不同而已。试想，看纸质版的《西游记》，与看电子版的《西游记》（版本完全一致，内容没有任何变化）有什么根本性的差别？只要我们的阅读取向、阅读兴趣、阅读立场、阅读口味与习惯等没有改变，就没有根本性的差别。对此，我们应该从"水过地皮湿"的浅阅读的误区中走出来，正确面对，因人而异，因需而异，真正做到为我所用。

但是，如果考虑到它们不同的存在样态及功能，那么必然是各有所长。为此，取长补短，融为一体，纸质阅读和"屏读"便可以共同抵达深度阅读的"彼岸"。2019年4月23日《经济日报》刊发作家马朝虎的一篇评论《一屏万

卷，亦是开卷有益》，其中他提到①：

现如今 5G 商用在即，全媒体形态的生活方式势必影响每一个人，阅读行为一定首先受到影响。在产业创新上，5G 将与大数据、云计算、人工智能、物联网等技术结合，拓展数字阅读的应用空间及场景，VR、AR、游戏、音视频等形式的融合，可以开创全新产业空间和市场价值；在产品形态上，AI 语音交互以及多场景、多功能的应用连接都将赋予传统阅读产品新的生命；在阅读体验上，随着 5G 技术的落地、虚拟技术的提升以及人工智能的发展，数字阅读成为发展趋势。

从这段文字中可以隐约感受到，未来"万物皆可为媒体"，车联网、可穿戴设备、智能家居等都将成为阅读的载体，各种终端阅读设备之间也能实现无缝切换，而且这些都有可能进入课堂，智慧课堂将真正变得智慧起来。其实当前已经有很多学校在试点，张治的《走进学校 3.0 时代》所描绘的未来"13 个场景"都将变为现实，其中一个场景是"每一种学习都会被记载——屏读成为常态"。他认为："屏读绝对不是简单的读屏，而是技术和教育的深度融合。""技术深度融合应用会极大提升认知效率，让个性化学习服务成为可能。"②

2020 年春季，受新冠肺炎疫情影响，为落实"听课不停学"的精神，网课一夜之间成为亿万学生学习的新样态，开启了"屏读"学习的新模式，在教材、教学参考资料无法正常发放到位的情况下，师生的教学活动仍能继续。这得益于网络以及各种终端阅读设备之间的无缝切换与链接。就拿语文统编教材来说，"开学"前夕，人民教育出版社就将"人教点读"APP 等数字教学资源

---

① 马朝虎.一屏万卷，亦是开卷有益[N].经济日报，2019–4–23.
② 张治.走进学校 3.0 时代[M].上海：上海教育出版社，2018.

免费向社会开放，极大方便了教师网络备课与教学互动的开展以及学生的居家自主学习。与此同时，网络上各种各样的优质资源都向"居家自学"的学生敞开了大门，就连"学习强国"也开通了"在家上学"专栏。如国家中小学网络云平台，不仅链接了教材，还链接了经典名著阅读、近百部影视作品……还有地方课堂、亲子课堂、名校在线课程、学而思网校等等。"一屏万卷""一屏万课"成为现实。刘长铭对学生"居家自学"提出了自己的看法："学生居家学习，是中国教育进入 4.0 时代的一次预演，是学生步入未来学习社会前的一次彩排。学生们学会主动获取知识，学会从实际生活中获取知识，学会运用知识解决实际生活中的问题，学会如何创造新知识，这些都比单纯获取课本中现成的、有限的知识更加重要。居家学习是培养学生们自主学习习惯和锻炼学习能力的良好契机。"

　　由此可以相信，在不久的将来，我们的学生不管在校内，还是在家中，甚至是地球的任何一个角落，只要有需要，就可以通过"屏幕"查阅到自己想要的所有资料。不仅如此，还能借助"屏幕"内置技术工具实现自动存储、整合与分类，生成超级知识图谱，将其迅速转变为成人的"另一个大脑"。为此，未来的阅读方式或许会超出我们的想象，但也都在我们的意料之中。

　　"改变的是形式，不变的是阅读。"对此，美国的罗伯特·达恩顿先生还说，阅读随时代而变。我们要留恋纸质图书，但也在积极适应电子化阅读。所以，今天面对数字阅读，我们应主动拥抱，更多地研究如何将纸质书的内容与数字化更好地结合。不管是数字阅读还是纸质阅读，好的内容才是引领学生进行深度阅读的关键。因为阅读的深与浅，纸质阅读与"屏读"的好与不好，深度阅读的"为"与"不为"，真正起作用的是人，人是深度阅读的主体，未来阅读的主人。

> 以实践报告的形式直击技术应用于阅读的困惑,如何突围?未来阅读的趋势怎样?积极寻求"技术赋能未来阅读"的新路径、新策略,这一定是大家非常关注的话题。

第八节
实践报告:技术促进阅读转型的行动研究

技术的力量正在改变世界。

大数据、"互联网+"、人工智能时代,技术的核心是解放,本质是服务。技术支持学习,已经成为当前课堂教学的新样态。在持续开展"大数据时代背景下小学语文阅读范式变革"理论与实践探索之后,笔者以实践报告的形式直击技术应用的困惑,并就如何突围及未来阅读的趋势展开阐述,旨在寻求"技术赋能未来阅读"的新路径、新策略。

由新媒体联盟发布的《地平线报告》每年都会从"7大类主题"中选出"6种代表性技术"来概括技术促进教育的重大趋势。无论是在教育领域还是整个世界,每一个以技术为特征的《地平线报告》都是在反映时代的现实及诉求。2013年是大数据元年,也是《地平线报告》对技术进行深度关注的一个重要时间节点,3D打印、可穿戴技术等开始在报告中出现,并给教育、教学变革带来了更多的机遇和挑战。①

---

① 孙洪涛.共生与演进——地平线报告中技术的教育应用趋势解析[J].开放学习研究,2017(2).

如何将技术应用于阅读教学,并促进阅读范式的变革?笔者围绕"大数据时代背景下小学语文阅读范式变革"开展了近六年的研究与实践,旨在洞察与探索技术在阅读教学领域应用的演进与趋势,从而更好地促进阅读教学范式的转型与发展。

一、技术促进阅读范式转型的研究概述

2013年恰逢"大数据元年"。大数据时代带来的信息风暴变革了我们的生活、工作和思维,开启了一次重大的时代转型。同时,伴随新课标的颁布、《中国学生发展核心素养》的提出,以及大数据、"互联网+"、人工智能时代的真正到来,技术赋能未来阅读,致使阅读的整个教学范式形态也在发生相应的变化。如下表所呈现的"研究序列",便是笔者六年深耕阅读范式变革的实践与思考。

年份	文章题目	主题	备注
2014年	从"样本阅读"到"全息阅读"	大数据时代背景下小学语文阅读范式变革	之一
2015年	"阅读跨界"与"思维翻转"的范式嬗型		之二
2016年	"思维转型"与"技术升级"的教学意义		之三
2017年	众筹阅读:创新阅读课程资源供给方式		之四
2018年	AI时代,学生引领未来阅读变革		之五
2019年	未来学校为学生阅读而设计		之六

从"样本阅读"到"全息阅读",再到"阅读跨界""众筹阅读",技术升级、技术赋能,让原本单一、封闭的阅读形态发生了根本的变化,同时为推进未来阅读范式变革提供了可参考的"样本",主要体现在以下三个方面:

一是,基于网络技术支持的问题化阅读,正在驱动"自组织阅读"的深

入。通过阅读实践，学生个体借助技术支持解决问题的能力得到了明显提升。选择、共享与协商，构成了问题化阅读的关键要素。

二是，互联网作为一种技术存在，本质是连接。连接一切的阅读实现了知识从节点到网络的空间互联，课内课外、线上线下各种资源的整合，最终形成大家共识、共读与共享的阅读课程项目。

三是，"智能+"时代，由于技术的进阶，"人·机共读"展现新的阅读样态，实现了融人（学生）的情感体验、深度思考、个性化阅读，以及机器的技术升级、智能连接、自适应性学习为一体，极大满足了以学生为中心的个性化阅读的精准"供给"。

六年下来，从阅读方式的转变，到阅读流程再造、建构阅读范式转变，再到探寻其教学意义以及课程资源的精准供给等，在技术的不断引入与作用下，笔者进行了较为系统的探索与实践。"究竟哪一个范式将在未来指导研究……选择必然是要取决于未来的前景，而不是过去的成就。"[1]为此笔者也在不断地实践中创新，总结中反思，其中有收获，也有困惑。

二、困境与突围：技术促进阅读范式转型的"实践表达"

翻阅历年来的《地平线报告》，不难发现诸如穿戴技术、翻转课堂、创客空间、机器人技术、人工智能等技术在教育教学中的应用相对滞后于预期，甚至有些技术并没有在教育教学中得到真正应用，更谈不上深度结合。可以讲，目前还没有哪一项技术能像 PPT 在当下的课堂教学中得到如此广泛的应用与推广。换言之，如果都能如此，那么当下的教育教学又将是另外一番天地。之前，就有专家表示，新的技术改变甚至颠覆了很多领域的存在状态，但唯独对

---

[1] ［美］库恩.科学革命的结构（第四版）[M].金吾伦，胡新和，译.北京：北京大学出版社，2012.

教育（教学）的影响是很小的。

原因可能很多，不排除我们对技术的排斥，抑或是技术的迭代已经超出了教师的接受能力，很多教师还没等学会这项技术，新的技术又出现了，再加上教育教学有其本身的属性、规律及节奏，要想实现这些技术的落地，以及灵活应用、赋能发展，难度还是非常大的。但也并不能因为这样而拒绝，一味地坚守"过去的方法"。对此，约翰·杜威就曾指出："如果我们用过去的方法教育现在的学生，就是在剥夺孩子们的未来。"

如此困境，又如何突围？至少在三个方面上我们必须达成共识并予以落实。

1. 寻找技术应用的场景比开发新技术更为重要

对于当下的阅读教学而言，并不缺技术的支持，因为可供"拿来"的技术有很多，且都很新，很有前瞻性。如机器人作为最新的技术热点，就整合了硬件制造、数据采集和智能处理等最新成果，已经在很多领域得到了广泛应用与推广。李开复对此就曾说："人工智能时代，程式化、重复性的、仅靠记忆与练习就可以掌握的技能将是最没有价值的技能，几乎一定可以由机器来完成。"[①] 所以，在阅读中我们所遇到的工具性、检索类的阅读就可以交给智能机器人，让机器人去检索、整合与处理这些信息，并为我们更好地利用。

还有，未来的阅读与沟通将不仅仅局限于人与人之间的沟通，人与机器（机器人）之间的沟通将成为重要的学习方法和学习路径。据悉，谷歌的搜索引擎正在使用谷歌大脑优化搜索结果的排序，或直接回答用户感兴趣的知识性问题……如今百度上能查到的东西不需要在课堂上教。设想一下，课内课外还有多少东西是原创的，还有多少在网上是检索不到的，还有多少是人工智能工具所解决不了的呢？"有问题找百度"，这就是技术满足实际生活与学习

---

① 李开复，王咏刚. 人工智能［M］. 北京：文化发展出版社，2017.

需求最好的应用。如在学习统编教材五年级下册《景阳冈》这样的古典名著节选时，由于语言风格上的差异，给阅读带来不少难题，如何解决朗读课文难的问题？此时教师可以充分利用网络资源，向学生推送相关链接，如让学生通过手机客户端扫码进行听读，此外还可以通过"听书"来完成《水浒传》整本书的阅读，而阅读的过程中所有的问题都可以在第一时间通过百度等路径进行问答、检索、链接，进行深度阅读。

2. 重构阅读社群关系比享受互联网服务更重要

互联网连接一切的服务固然重要，但技术最终是为人服务，不仅仅是简单地将物连在一起（物联网），同时也要把人凝聚在一起。阅读，是一种社会交际。用马克思的话说，人都是社会化的。万物互联时代，阅读自身的社交、去中心化、参与感和内生需求，已经揭示了阅读社群建设的重要价值。

阅读社群是学生寻找同伴的地方，如学校、班级，抑或是社区，这样的社群不能因为互联网时代的微信群、朋友圈的兴起而落幕，相反应该出现更多，遍布校园、社区的每一个角落。微信朋友圈和微信群，是典型的虚拟阅读空间的社群重构，通过微信好友这一"装订方式"，把人群聚集起来，形成信息交互的空间。但人是群居动物，有复杂的情感，需要面对面的交往、碰撞，乃至冲突，必须回到真实的社交环境中，才能更加全面地发展，并向四面八方打开，从而更好地认识自己、发现自己，印证自己的想法，学习不可复制的东西。所以当下，学生的阅读仍然要植根于社群、社会交际的大背景之下，在具体的人、物、环境的交互中主动建构。如统编教材中有一个版块——"快乐读书吧"的设计就体现了这样的一种理念，建构起了一个非常鲜活的线下实体阅读社群，围绕着怎样读好一本书展开讨论与交流，很好地把全班同学聚集起来。可以讲，无论技术发展到何种程度，这样的社群化组织还是需要的。而技术呢？就是要为这样的社群组织做好服务，如我们可以把线下的"快乐读书吧"升级为线上的"云吧"，将我们线下实体社群所生成的资源搬到"云吧"

上来，这样不仅可以记录下线下阅读社群的活动场景，还可以丰富阅读社群的形式和内容，让我们的"阅读社群"不受时间、地点的限制，形成对线下实体阅读社群的有益补充与拓展。这些在本章第五节已经涉及，不再赘述。

当下，互联网技术的确可以加快或颠覆学生的阅读建构方式，但不能替代学生阅读的真实体验和情感交流。因为阅读是为了促进人的更好发展，所以重构阅读社群关系比享受互联网服务更重要。当然，这并不是要我们放弃享受互联网带来的服务，相反我们要让互联网的服务尽可能发挥最大效应。

3. 赋能儿童的差异阅读比追求全面阅读更重要

技术解放了人，赋能人拥有更多的可能。但人是以差异而存在的，教育，包括技术，就是在帮助每一个人成为自己所希望成为的那个"样子"。在技术还没有达到一定高度的时候，我们对差异的理解是定性的，仅仅是一种判断，但在大数据、人工智能时代，人的差异会因技术的升级变得可见，可量化。于是，我们对于差异的理解就成了"定性 + 定量"的多元理解，更加理性。因人而异，因需而异，赋能儿童的个性化阅读，不仅成为可能，而且对于促进人的全面阅读将起到巨大的推动作用。

统一、整齐的阅读是班级授课制的主要意识形态。然而统一的阅读却忽视了学生的个体差异，阅读的模式化与学生个性化之间出现了严重的冲突，必然可能出现排斥等厌读现象。但是，基于大数据阅读分析支持的面向每一个学生的差异化阅读，让每一个人的阅读内容都不一样，随之赋予每一个人的帮助也是因人而异的。与此同时，由于技术的介入，每一个学生的阅读书目、阅读行为、阅读路径、阅读时效等都会被记录，形成分析结果并在第一时间予以反馈，教师、家长，包括学生自己都能"看见"。对教师而言，可以根据这些反馈及时为学生提供个性化的阅读服务；对家长来说，可以实时监控孩子的阅读情况；而对学生自己来说，则可以更好地发现自己的阅读兴趣及取向，并建构属于自己的个性化的阅读体系。仍以统编教材的"快乐读书吧"为例，其中

"相信你可读更多"部分，编者没有界定你要读多少，而是相机拓展了一些学生可以阅读的资源和路径。这样的设计就体现了因人而异、因需而异的原则。可以预见，未来，学生的自我选择及阅读的整个过程都可能被"数据"记录，而我们一旦掌握了这些"数据"，就可以通过技术来实现阅读资源的精准供给，从而也能更好地满足个体的差异化阅读。

三、技术促进阅读的未来趋势

技术解放了知识，也解放了人。虽然技术的快速发展与慢的教育（教学）节奏形成了强烈的反差，改革的步伐滞后于技术发展的现象仍普遍存在，但是技术是一直向前发展的，教育教学的改革同样如此。

未来已来，未来阅读应有未来的趋势和样态。

1. 未来阅读，每一个人都会有一张属于自己的阅读图谱

未来，每一门课程都将有自己的知识图谱。张治在其《走进学校 3.0 时代》一书中明确提出："如果知识是人类进步的阶梯，知识图谱就是人工智能进步的阶梯。将来，知识图谱会嵌入学习系统，让大规模的因材施教成为可能。"[1] 同样，随着技术的发展，人工智能时代的到来，每一个人也都将有一张属于自己的阅读地图，这张阅读地图将涵盖各个层面所推荐的阅读书目，但一定是经过技术的处理，在分析、筛选、匹配的情况下，自然嵌入到图谱中。尽管有很多阅读内容可能是以碎片化形式出现的，但是技术也会将这些碎片化的阅读内容连接在一起，关联成一张完整的阅读图谱，从而更好地满足每一个学生的个性化阅读。

正如查尔斯·汉迪在《疯狂的时代》一书中所指出的："对教育而言，真

---

[1] 张治. 走进学校 3.0 时代 [M]. 上海：上海教育出版社，2018.

正需要的不是国家制定的课程表,而是给每一位孩子一份私人进程表。"未来学生的阅读,也将会在国家层面所推荐书目的基础上实现阅读的"私人订制",不断充实与完善各自的阅读图谱。

2. 未来阅读,每一个人都会有一个专属的阅读智能助手

在大数据、互联网、人工智能等技术的支持下,人机协同的程度将会越来越高。如我们到建行办理业务,机器人带给我们的服务是多元的,几乎能解决目前我们所遇到的全部问题。可以想象,未来很多领域,包括我们的教育教学都将有这样的一个人工智能助手,但凡机器能做的,都可交给机器完成。同样,未来阅读,也不再是学生独自一个人的阅读,除了建构自己的阅读社群之外,必然也会有一个专属于自己的阅读智能助手。

当前,"一屏万卷"的阅读已经出现,整个过程中我们也在潜移默化地利用机器为我们服务。事实上,当我们在读屏幕的时候,屏幕也在读我们。屏幕"读"的是我们阅读过程的各种动作、表情,目的是在此基础上开展基于阅读行为的大数据分析,了解阅读情况。这样,不仅完整记录下我们每时每刻的阅读过程,生成专属于我们每一个人的"阅读报告",还能协助我们处理搜索、分析等工作,让阅读真正发生且发出声音来。

3. 未来阅读,每一个人都会有一种属于自己的个性化阅读方式

百花齐放,百家争鸣。未来阅读,可能会再现这样的繁荣场景。未来"每一种学习方式都会被尊重",将"不再追求学更多的知识,而是学习方式要多样化"。在这种背景下,每一个人都会有自己的个性化的阅读方式,碎片化阅读和整本书阅读,线上和线下阅读……技术的变革必将引发阅读方式、阅读体验、阅读路径等一系列的变革,未来阅读场景也将发生相应的变化。在这种情况下,全息阅读、跨界阅读、泛在阅读、创客阅读、问题化阅读、众筹阅读等,都将会落实到具体的阅读实践中,以此满足不同学生的个性化阅读需求。

未来，虽然人的阅读方式越来越趋向个性化，但事实上学生之间已不再是竞争关系，而是相互协作的学习伙伴。因为"去中心化"的阅读社群会让每一个人的潜能得到充分释放，加上技术的支持，每个人都将会拥有更多、更大的展示与互动平台，群体智慧也会因此生成并辐射开来。

"科技不应高居象牙塔，而要普济天下。"华为正是秉承这样的理念而普济天下，服务民生。对此，我们必须审视：只有当新的技术从脉冲式介入走向常态化应用，才能从根本上解放人、服务人，我们才能真正享受到技术所带来的"红利"。当前，我们的教育、教学的变革确实滞后于技术发展。但是，教育是一个慢的过程，人的阅读也是一个慢的过程，面对应接不暇的各种技术，我们不能盲目地被动接纳，必须经过严格而科学的鉴别、选择、加工与整合，找到适合于技术应用的最佳场景，从而让技术切实为人的阅读服务，为人的未来发展服务。

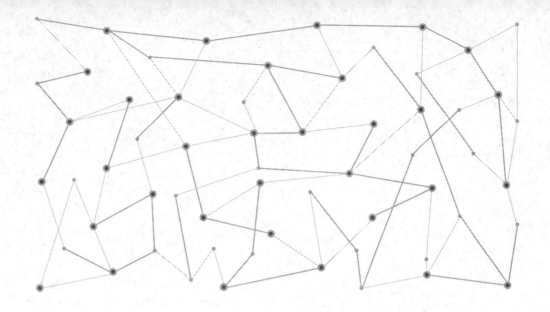

CHAPTER 4

第四章
未来阅读的同行朝向

预测未来最好的办法就是创造未来。

——西方谚语

在可预见的未来,人机协作随处可见,人类将有大量的空闲时间。未来,人如何利用与安排好这些空闲时间来阅读,这将是一个很现实的问题。

未来阅读设计,这是未来学校存续与发展的重中之重。因为我们要"去做更好的事",而不是"将过去的事情做得更好"!创造,迎接未来。

> 碎片化阅读与整本书阅读谁主沉浮,已成为当下争议的热点。未来,如何更好地利用碎片化时间,利用各种终端设备进行线上线下的融合阅读,值得关注和探索。

第一节
未来阅读趋向深度融合

未来,学生的数字化阅读现状如何?又有怎样的倾向?《中国学生发展核心素养》要求:"能自觉、有效地获取、评估、鉴别、使用信息;具有数字化生存能力,主动适应'互联网+'等社会信息化发展趋势。"当下,数字化阅读所呈现的更多的是一种碎片化的阅读。然而,作为时代产物的碎片化阅读却备受争议。碎片化阅读与整本书阅读,究竟谁主沉浮?

一、碎片化阅读诠释一种新的阅读方式

查询"百科词条",碎片化阅读指的是以手机、电子书、网络等电子终端为主要载体的阅读形式。未来,这种阅读方式的普及率将会越来越高,同时人们的质疑也未曾停止,但是这并没有阻挡碎片化阅读的发展趋势。由于耳濡目染,当下很多小学生也非常青睐这样的阅读方式,在一定程度上为他们的阅读生活带来了乐趣。碎片化阅读在一定程度上、一定范围内正在帮助学生快速、多元化地获取资讯,丰富与拓展着他们已经建立的知识体系。

想想，课本阅读何尝不是碎片化阅读？课本正是由一篇篇相对独立的课文组成，形成若干阅读主题，并由此架构起一本书的阅读课程体系。如统编教材三年级上册第六单元由《古诗三首》(《望天门山》《饮湖上初晴后雨》《望洞庭》)、《富饶的西沙群岛》《海滨小城》《美丽的小兴安岭》等几篇课文组成，并形成"壮美山河"这样一个人文主题单元。再如很多节选的文章就是以"碎片化"的形式出现，还有我们每天看的报刊、新闻报道……这些都是典型的碎片化阅读的存在与表现形态。阅读背后，我们获取的是什么？信息、知识、情感态度、价值观……由此，促使一个人的阅读素养日渐形成与发展。

大数据时代，碎片化阅读的检索功能已经前所未有的强大，虽然载体发生了改变，可以将字典、词典、"课课通"等置之一边，但是发展学生的素养并没有被搁置，反而把践行发展核心素养落到了实处。将来每一个学生都必须具备"阅读、搜索与辨别真伪"的综合能力，自觉、有效地获取、评估、鉴别和使用信息，这是碎片化阅读的一大优点。如今，碎片化阅读践行的就是一个"博观"的阅读理念，而我们需要做的就是要在"博观"的阅读过程中，教会学生如何"约取"，为我所用。

"约取"的过程就是一个信息检索、辨别的过程。碎片化阅读一定就是肤浅的吗？通过"博观约取"所建构起来的知识就一定是零散、碎片化的吗？不一定。关键是我们怎么对待与利用，我们有没有将学生的阅读过程引导好。再者，"碎片化阅读在数字阅读兴起的初始阶段，作为重要的阅读形式，其浅薄一时难免，但随着信息的再组织和人类对数字阅读能力的提高，我们对未来应抱以乐观态度，相信这种阅读模式可以在适当的引导下实现信息时代的深度阅读。"[①]2018年4月18日，中国新闻出版研究院在第23个世界读书日来临之前发布了第十五次全国国民阅读调查成果。调查报告指出：2017年我国国民数字化阅读方式（网络在线阅读、手机阅读、电子阅读器阅读等）的接触率为

---

① 蒋霞.碎片化阅读是否可以由"浅"入"深"[J].编辑学刊，2017（1）.

73.0%，较 2016 年的 68.2% 上升了 4.8 个百分点。同时，有超过半数成年国民倾向于数字化阅读方式，且有声阅读成为国民阅读新的增长点。可以肯定的是，数字化阅读正在悄无声息地改变着学生的阅读方式和习惯，甚至在改变他们的思维方式。

二、整本书阅读，坚守传统阅读思维

新课标明确提出："培养学生广泛的阅读兴趣，扩大阅读面，增加阅读量，提倡少做题，多读书，好读书，读好书，读整本的书。"对于"读整本的书"，叶圣陶曾在《论中学国文课程标准的修订》（1941 年）中提到"把整本书作为主体，把单篇短章作为辅佐"。"读整本的书"并非针对当下碎片化阅读提出的，而是针对节选、片段等选文讲的，如我们的统编教材仍有很多课文是节选文本。可见，当前的教材改革，无论怎么改，可能都跳不出"文选型"的样态，目前统编教材中很多选文都注明"选作课文时有改动""这篇文章节选自……"等字样。

"整本书阅读原本是语文学习的基本常识。人们在倡导核心素养理念的今天讨论这个话题，实际隐含着对单篇阅读教学的隐忧。"[1] 如何落实"读整本的书"？教材无非是个例子。既然是个例子，就一定要发挥"例引"的作用，由此延伸，变为"读整本的书"。如统编教材三年级上册"快乐读书吧"就节选了《丑小鸭》的一个片段，而《丑小鸭》又出自《安徒生童话选》。通过"你读过这本书吗"，引导学生读《安徒生童话选》整本书；通过"相信你可以读更多"，引导学生读叶圣陶的《稻草人》、格林兄弟的《格林童话》等。

整本书的阅读，系统、深刻、权威……读得懂的，喜欢读的，整本书的阅读，不成问题。读不懂，又不喜欢读，却又是经典，怎么办？很简单，借用

---

[1] 徐鹏.整本书阅读：内涵、价值与挑战［J］.中学语文教学，2017（1）.

陶渊明的话——"好读书，不求甚解"，开开心心，不必字字句句都那么纠结，而是要善于充分挖掘潜能求适解，这是整本书阅读的大智慧，也是我们一直在恪守的传统阅读思维。对学生的阅读有帮助的，我们不仅要坚守传承，还要创新发展，哪怕是"连滚带爬地读"（温儒敏语）。

此外，在当下的课程设置背景下，将整本书阅读放入教科书中并不现实，在课堂上进行整本书的阅读无法落实，尤其在当下碎片化阅读强烈充斥人们阅读生活的时代背景下，做好整本书阅读更是不太容易，况且从叶圣陶时代喊到现在，其间也历经几次大的变革，这个问题依然没有得到很好的解决。然而办法还是有的，拓展、渗透、融合……努力在教科书中、语文课堂上渗透读整本书的阅读理念，并使之成为常态，这就是对传统阅读形式最好的传承。只要我们有这样的渗透、融合意识，教科书的空间、课堂的时间还是可以"挤"的，甚至可以颠覆，重新去整合、组合。有舍必有得，舍得才能真正习得，才能从不同的渠道中获得所必需的语文素养。其实，简单到极致，传统的阅读关键就在一个"读"字：多读，厚积薄发；读整本书，博观约取。注重原始积累，不断地向阅读更深处漫溯……

三、"整本书＋碎片化"阅读，展现未来阅读新范式

大数据、"互联网＋"时代，碎片化阅读与整本书阅读，究竟谁主沉浮？毫无疑问，既要坚守传统的整本书阅读，也不能避开碎片化阅读的潮流，两者的适度、适时融合与互补才是未来阅读的范式形态。

1. "点"处检索，释解整本书阅读的疑难问题

好读书，不求甚解。这在古代更多的是因为人的阅历、知识等局限，制约着他们"求甚解"的能力，虽然喜欢啃"大部头"（整本的书），读一遍、二遍、三遍，甚至更多，但总有遗憾，很多疑难问题还是难以在短时间内得以解

决。尽管也试着检索、查阅了很多资料书籍，但由于种种原因，还是不能做到深入与全面。

大数据、"互联网+"时代，这一问题将得到改观甚至是彻底解决。"有问题找百度"……面对百度，只有你提不出来的问题，没有解决不了的问题。问题一旦发布，立刻就有答案，或者是若干可供参考的"条目"，任你检索，总会有一个答案是你所需要的。

此外，广泛化的碎片化阅读，同样能引发对问题的深入理解，开拓解决问题的视野与思路，在整合的基础上同样能得到我们想要的答案。同时，充分发挥网络的检索与链接功能，以及碎片化阅读辅助整本书阅读的作用，形成互补，也能形成一个最大化的解决问题的知识体系，或者是较为完整的解决问题的方案。

2."线"上连接，建立整本书阅读的外延联系

网络连接一切。如今，线上线下阅读已经融为一体。目前，在网络 APP 端也可以进行整本书阅读，如用喜马拉雅听书等。然而考虑到方方面面的因素，目前基于网络的整本书阅读短时间内很难在中小学生中间普及推广，更多的仍是实体化的整本书阅读。虽然还不具备在网络上大规模进行整本书阅读的条件，但并不妨碍我们引导学生利用一些碎片化的时间进行碎片化的阅读。在一段时间内，集中精力阅读一本书，其间再利用一些碎片化的时间进行一些相关联的碎片化的拓展性阅读，便能将线上线下、课内课外连成一体，互相补充，并适时地向四面八方展开，这样就容易形成一个较为完善的阅读体系，形成关于一本书整体阅读的课程资源。这个课程一定也是包罗万象的，不会再仅仅局限于一本书的阅读格局。如《丑小鸭》原文是 6000 多字，但统编教材中仅出现了一个不足 200 字的"引子"。不要真以为学生读过《丑小鸭》，其实读的都是"压缩饼干"。链接"百度百科"，在阅读了"内容简介""创作背景""人物介绍""作品鉴赏""作品影响""作者简介"等内容后，我们其实

已经走在了深入阅读原著的路上，此外还可以与一些主题网站建立联系，不断丰富"丑小鸭阅读"的课程资源。尤其是当学生读到"《丑小鸭》历来被认为是安徒生的自传，大师通过这个童话表现的是自己的人生历程"这一内容时，学生自然会萌生敬畏，这样的阅读就不仅仅是简单的一本书的阅读了。而事实上，这正是《丑小鸭》文本的要义所在。除此之外，关于《丑小鸭》的评价、启示等词条也可以说是多如繁星，当然其中可能会出现一些鱼目混杂的现象，这就需要我们博观约取，取其精华，将相关内容连接在一起，不断拓展阅读《丑小鸭》的外延，建立更多的同读《丑小鸭》的社群组织。

语文的外延与生活的外延是相等的，阅读的外延与生活的外延也是相连的。整本书阅读与碎片化阅读的外延联系更多，就看我们如何将其连接在一起了。大数据、"互联网+"背景下，教师的作用，不仅仅是要引导学生读好整本书，还要在这个基础上指导学生建构基于某一本书的阅读课程，即充分利用丰富的网上阅读资源，构建基于网络的阅读课程。这样，整本书阅读的意义就将被放大。教师对整本书阅读的指导，其实是在引导学生开发与构架属于自己的阅读课程。

3. "圈"里互动，拓展整本书阅读的深度交流

一个人读书难免总会停留在浅阅读的层面，很难深入，这不是读整本书应有的追求和境界。尤其当下，由于互联网、人工智能技术的发展，人们利用这些工具进行交流的渠道越来越畅通、便捷，"圈子"也越来越大。相比以前，周围很难找到阅读伙伴，即使是同一个班，如果不是老师统一要求读同一本书，想短时间内找到阅读伙伴也很不容易，且圈子很小，就别说互动交流、碰撞了。今天，即使我们不认识，相隔万里，我们也能在线上"相聚"，找到阅读伙伴，甚至是知音。"一千个读者就有一千个哈姆雷特。"线上，圈里，何止是一千个，一万个"哈姆雷特"都可能，"你一言、我一语"的讨论碰撞带来的是不同的阅读体验，迫使我们不断地深入阅读，并能在圈里与同伴进行分

享碰撞。如利用微信、QQ进行阅读交流已经成为时尚，跟帖本身就是阅读交流与碰撞。利用阅读APP开展的整本书阅读就是一种开放性的阅读，一种跨媒体交叉融合的阅读。如利用阅读APP为学生提供《丑小鸭》整本书的原著（不同版本），让学生自由选择，又可以同时阅读，激发学生的交流欲望。其间还可以在"共论这本书""主题讨论区"等区域进行主题式讨论，主题讨论可以由教师发起也可以由学生发起，自由分享阅读心得、展示阅读成果，努力改变学生阅读流动性、随意性和碎片化的习惯，帮助学生学习整本书深度阅读的方法，培养整本书深度阅读的习惯，实现在分享、展示中借鉴提高，逐步学会阅读。

在这个过程中，我们还可以主动发起邀请，成立"《丑小鸭》整本书阅读"的话题交流圈，这样圈子的力量与阅读的力量就可以完美融合，其实也是整本书阅读与碎片化阅读的一次次融合与渗透深入，阅读应该有这样的理想状态。事实证明，真正的语文教育必须扩大阅读面，增加阅读量，引导学生读整本的书，把整个世界当作课本，而不是把课本当作整个世界。

目前，在学校里重整本书阅读而轻碎片化阅读；一旦进入社会，则相反，重碎片化阅读而轻整本书阅读。如此之大的断层与差异，其根本原因就是两者的关系没有处理好，致使在不同的环境中一边倒的现象发生。对此，我们有必要进行积极探索，帮助学生建立科学而系统的阅读体系，让学生把"碎片"变为填充"系统"的养料，从而不断丰富整本书阅读的内涵与外延，构建系统全面的阅读课程。

四、未来阅读，趋向整本书与碎片化阅读的深度融合

不可否认的是，数字化阅读正在悄无声息地改变着我们的阅读方式和习惯，甚至在影响我们的思维方式。但这种改变和影响不一定全是负面的，对于所有的改变和影响，我们都应辩证地看待。

一是，互联网信息的复杂、冗长、散乱，必然会给碎片化阅读带来很多

影响，尤其对于整本书阅读这样一个特定的任务而言，有用信息的检索不是一件简单的事情，这时候就需要教师做好引导，教给学生检索、分辨、梳理、选择等能力。对此，我们要明确碎片化知识同样是阅读的对象和信息的载体，其中的知识内容和思想内涵依旧是相对完整的，并不是所谓碎片化的。之所以出现所谓碎片化的理解，是因为我们根本就没有对这些信息进行充分的检索、辨别与整合，不分青红皂白，全部拿来，显然这是不合适的。最好的办法是，碎片化阅读后要适时地根据整本书阅读的需求，整理出知识碎片，然后再进行知识体系的梳理和总结，可以利用思维导图、结构化思维方式不断完善整个阅读知识体系。这也是对于"整本书 + 碎片化"阅读课程的宏观架构。

二是，互联网就是一把"双刃剑"，要引导学生从心里抵制那些不良信息的侵蚀，绿色上网，快乐检索，充分利用好一些碎片化的时间，开展整本书阅读与碎片化阅读的融合阅读。可以说，碎片化阅读与碎片化的时间是分不开的，所以时间的控制也是很重要的事情。事实上，碎片化阅读能够较为充分地利用好一些空隙时间，使学生能在零散的时间内也可以获得有效信息。"整本书 + 碎片化"阅读要注重阅读的"质"，善于把整块的时间用在整本书阅读上，这是必选课；此外还可以适度考虑阅读的"量"，巧妙地把碎片化的时间利用好，以此来拓展与充实整本书阅读的外延与内涵。我们要构建"质"上求深、"量"上增容的"整本书 + 碎片化"阅读课程范式。

由此，我们可以做出这样的判断：碎片化阅读是肤浅阅读还是深度阅读，主要还是取决于读者自身是否具有深度思考能力、所读内容是否有深度思考价值。所以，面向未来的阅读，整本书阅读与碎片化阅读谁主沉浮？无须定论。因为"整本书 + 碎片化"阅读将逐渐成为适应"互联网 +"、智能时代发展的一种崭新的阅读范式。学生必读的是整本书，选读的是与整本书相关联的碎片化知识，而碎片化知识不仅能即时释解整本书阅读过程的中疑难问题，还能适时为线上线下阅读搭桥，构建一个基于"整本书 + 碎片化"的新的阅读课程范式，从而更好地满足学生阅读的个性化需求。

未来阅读，更趋向于碎片化阅读与整本书阅读的深度融合。

未来，究竟谁来引领阅读的方向？教育主管部门、教师，还是学生？人工智能时代，机器人能帮我们做的事情越来越多，"人·机共读"成为时代的潮流，但主旋律一定是学生引领未来阅读变革朝向。

第二节
学生引领未来阅读变革

大数据、互联网、人工智能等新技术、新理念、新思维以及学生阅读的个性化需求，给未来阅读带来了前所未有的机遇和挑战。国务院印发的《新一代人工智能发展规划》，将人工智能上升至国家战略的高度。在人工智能为教育、教学赋能的同时，阅读及阅读教学最终还应回归"人"本位，通过开展智能校园建设，推动人工智能在教学、管理、资源建设等流程中的应用，建立以学习者为中心的交互式教育环境，提供精准推送的教育服务，以期实现日常教育和终身教育定制化。

当下，人工智能已逐渐成为大数据时代的"新变量"，不仅改变了我们对技术发展的认识，还改变了我们的思维与行为方式。为此，阅读及阅读教学的范式也不可避免发生相应的变革。

一、技术升级直接带来阅读形态从"需求侧变革"到"供给侧变革"的升级

随着互联网、云计算、大数据以及物联网、人工智能的不断迭代，社会形态也在不断地发生着深刻变化，一开始确实对教育（教学）影响不大，但是如今的影响却是越来越大，尤其是人工智能革命，比任何一次变革都来得猛烈、全面、深入。从信息化到在线化，再到今天的智能化快速发展，技术的升级带来社会形态的颠覆性变化，阅读及阅读教学也同样因为人工智能的赋能焕发生机。具体表现在以下几个方面：

一是，人工智能时代，由于人工智能的作用，自适应学习等新的学习方式即将成为可能。智能自阅读带来的是阅读内容及阅读品质的直接升级。

二是，基于 AR/VA 阅读将逐渐成为阅读的主流形态，在"开放·连接·智能"的环境中，"人·机共读"将成为未来发展趋势，阅读的内容无处不在，个性化的阅读无处不在发生。

三是，从"互联网+"到"智能+"的升级，将真正促进阅读形态从"需求侧变革"到"供给侧变革"的升级。"智能+"也将真正实现从教材到学材的转变，阅读内容的自由选择成为可能。因材施教中的"材"也将被重新定义——过去，教材是学生的整个世界；现在，整个世界都将变成学生的学材。

人工智能时代，学生将成为引领未来阅读格局的变革者与实践者。

二、阅读课程资源的精准供给，助推学生个性化阅读的实现

新课标明确提出："阅读是学生的个性化行为"。但在实际的阅读教学过程中我们并没有解决好一个关键性的问题——谁在个性化？毋庸置疑，很多时候是我们教师在个性化解读后，把自己主观认为的"个性化阅读"教给学生，即教师在帮学生个性化阅读。当然，这也与新课标有一定的关系——"阅读是学生

的个性化行为，应引导学生钻研文本，在主动积极的思维和情感活动中，加深理解和体验，有所感悟和思考，受到情感熏陶，获得思想启迪，享受审美乐趣。要珍视学生独特的感受、体验和理解。不应完全以教师的分析来代替学生的阅读实践，也要防止用集体讨论代替个人阅读，或远离文本过度发挥。"

事实上，"智能+"时代，这还不算是真正意义上的个性化阅读。未来阅读的格局，更应该是自适应阅读、自组织阅读以及"人·机共读"的多元化阅读。当下教师对学生的阅读究竟还有多大的控制权，教师手中还有多少可供学生阅读的原创性课程？换句话说，阅读这件事情有多少是学生自己能够独立支配安排的？这在传统的课堂中基本为零，但是随着社会发展，智能时代的到来，这个数值将可能发生根本性变化，甚至达到百分百。

"人工智能将教学变为大数据分析以及人工智能辅助的以学生为中心的个性化学习，为每个学生提供个性化、定制化的学习内容、方法，从而激发学生深层次的学习欲望。而且教育资源的均衡化方面，人工智能也可以发挥很大的作用，可以有效解决以前远程教育教学中师生不能进行有效互动和教师不了解学情的问题。"（吴晓如语）未来，"开放·连接·智能"的环境下，阅读资源或由此所建构起来的多种阅读课程，已经能最大限度地满足学生个性化阅读的需求。"智能+"时代，阅读资源（课程）已经实现了从"需求侧变革"到"供给侧变革"的升级。学生的个性化阅读因为"智能+"时代的到来将真正实现。学生引领未来阅读的变革方向将成定局，人工智能赋能阅读变革的作用也将随之越来越凸显。

三、学生引领未来阅读变革

当下，人工智能对社会的影响是全方位的，教育教学领域更是不可避免。"智能+"作为一种新的思维范式，也必将成为智能时代阅读教学改革的行动指南，但最终能引领未来阅读变革方向的仍然是学生。

1. "智能+阅读"的行动指南

借助"智能+"的思维范式，智能时代的阅读将趋向跨智、众智与合智三个智能领域的拓展。

（1）跨智，即跨媒体、跨界别的智能。由于当下人工智能的发展还处在弱人工智能阶段，所以只能在某一个领域发挥智能的作用。借助跨智思维方式，可以让跨界阅读更接地气，快速处理阅读过程中所获得的图像、声音和文字信息，并进行适时的整合应用。

（2）众智，即用集体智慧来实现问题的求解。也就是要通过群体智慧、群体智能，通过网络上合作者之间的信息沟通、阅读对话等呈现整体协作的合作成果。例如阅读中出现的很多问题有时候通过"百度发布"就可以及时得到解决，快捷，多元。

（3）合智，即将人工智能和人类智能合在一起发挥作用。简单一些，就是将人的思维与人工智能的思维进行融合与碰撞，阅读的实质对话，是思维的不断碰撞与生成，从而最大限度地激发与释放人的潜能。

未来，人工智能环境可以让每一个学生都有自己的智慧学伴，用智能工具如手机等拍一拍、扫一扫、说一说、点一点，就会在瞬间实现答案的即时解析、打分点评，知识点、考点、难点的自动生成与精准推送。同时，还能根据学生各自的认知水平、知识掌握等情况的差异，提供个性化、定制化的学习内容、方法，从而激发每一个学生深层次的学习需求。一句话，人工智能环境下，你想到的、想要的都可以在瞬间实现，但最终起决定性因素的还是人。

2. "人·机共读"的范式样态

在"智能+"思维的指引下，学生的个性化阅读有其独特的个性样态。这里借用《礼记·中庸》对学习提出的五个方面的诠释，即"博学之、审问之、慎思之、明辨之、笃行之"。"智阅读"同样遵循这样的学习路径，"智能+"

环境下的个性化阅读就是一个"智学、智问、智思、智辩、智行"的"人·机共读"过程。

（1）智学，要突破传统的阅读方式，融机器阅读于其中（人·机共读范式），并充分发挥人的主观能动性，不断地创新阅读的范式形态。

（2）智问，要让人的问题意识和人工智能建立关联，并不时地向人工智能发问，看人工智能是如何为阅读过程中所遇到的难题提供解决方案的。

（3）智思，要让人有智能思维，并将这种"智能+"思维贯穿于人的思维体系，运用于阅读教学之中，重新塑造智能时代阅读的思维习惯和行为特征。

（4）智辩，要突破人工智能"算法黑箱"的束缚，且能在人工智能的影响下更加理性地进行思辨，批判性、思辨性阅读将成为未来阅读常态。

（5）智行，智能发展的最终落脚点在行动上。"智能+阅读"的最终目的是为解决学生阅读中出现的难题提供新的思路，从而让每一个学生都能在阅读中获得成长。

未来阅读，就是一个由"智学、智问、智思、智辩、智行"所构成的较为完整的"智阅读"新样态——"人·机共读"，融人（学生）的情感体验、深度思考、个性化阅读需求，以及机器的技术升级、智能连接、自适应性学习为一体。

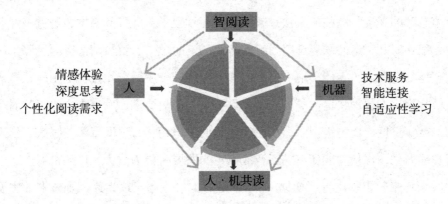

"智阅读"架构的"人·机共读"范式结构

人工智能时代，学生的认知已经不单单发生在头脑中，还发生在人与智能工具的交互、交流过程中。同时，人工智能也打破了知识均衡供给的平衡，突出与满足了以学生为中心的个性化阅读的精准与智慧"供给"。

3."人·机共读"的策略定制

未来，人工智能虽然不能从根本上全部替代阅读，但是可以帮助人类更好地进行阅读。所以，人工智能环境下，如何审视人工智能，并利用人工智能服务学生的阅读（阅读教学），量身定制"人·机共读"的具体策略，这一点尤为重要。

（1）简单阅读由机器替代完成。

可以预见，由于大数据、人工智能等技术的发展，那些程式化、重复性、检索类的工作，都将由机器或智能工具来替代，也就是说那些简单的、重复性强的工作完全可以放心地交给机器去做。如在阅读中我们所遇到的工具性、检索性的阅读就可以交给智能机器人，让机器人去检索、整合与处理信息。

在开展"有志者事竟成"主题阅读活动时，除了将书中的很多典型的人物、故事进行整合之外，我们通常还会借助很多工具书来扩大自己的阅读领域和视野，为学生列举相关书目，以便于整本书、多本书以及多篇文章的群文阅读等活动的开展。以往的做法是教师带领着学生大量地翻阅书本，进行梳理归纳，很耗时间，有时候还会因为我们身边工具的单一、资料的匮乏等，陷入阅读困境。而在人工智能环境下，类似这样围绕某一主题查找资料的工作，机器人做起来比人更加快捷、更加准确，只要我们提出要求，发出指令便可即时完成，其实百度、搜狗等搜索引擎已经让我们见识到了互联网资源的强大。但人工智能时代，这项功能随着人工智能技术的发展将更为强大，比如机器人还能对所查找来的资料进行"初读"，如果是一本书，还可以为你呈现该书的主要内容和观点，并建立与其他多本书的关联，一起向你推荐，为你的进一步阅读提供基础性参考资料。如果你长时间关注、阅读这一主题或是某位作家的系列关联文章，机器人还会因此帮助你寻找、推荐合适的"类内容"进行阅读。

这些活都可以让机器人代替完成，可以大大节约时间，这样可将多出来的时间用在深度阅读上，真正让学生从死记硬背的灌输式、程式化的教育中自我解放出来。除此之外，也可以不断替代教师课堂上的低水平、简单重复性的教学活动，从而让课堂焕发生命活力。

（2）深度阅读由"学生·机器"协同完成。

人工智能时代，是一个"人·机共读"的时代。未来的人，在很大程度上也是一个"人机结合体"，未来的学习者、阅读者，是人脑加人工智能的合体，人们在把简单的阅读交给机器人去做的同时，更会利用各种碎片化的时间让机器人帮助自己来"读书"。

此外，还可以通过智能工具，主动向机器人学习，进入深度学习状态。因为，未来人们所擅长的和机器所擅长的必将有很大不同，彼此也都有各自的优势，当然人可以拜机器为师，并从人工智能的计算结果中吸取有助于改进我们人类阅读思维方式的模型、思路甚至是基本逻辑。未来的阅读与沟通将不仅仅局限于人与人之间的沟通，人机之间的沟通将成为重要的学习方式和学习目标。可以预想，未来，学生从学习的第一天起，就和面对面的或者是远程的同学一起讨论、一起阅读、一起设计解决方案、一起共同进步。

据悉，有深度学习助力，基于互联网的海量数据支撑，在数以万计的强大计算机群的配合下，谷歌大脑正在帮助谷歌公司解决横跨多个领域的几乎所有人工智能的相关问题：谷歌的搜索引擎正在使用谷歌大脑优化搜索结果的排序，或直接回答用户感兴趣的知识性问题……未来，互联网上能简单检索到的东西不需要一定要在课堂上教。设想一下，到那时课内课外还有多少东西是原创的？还有多少在网上是检索不到的？

"人·机共读"就是要借助人工智能系统，为每一个学生提供丰富的阅读课程资源，并实现需求的精准供给，线上线下协同作用并达成阅读目的。

（3）个性化阅读仍由学生独立完成。

人工智能时代，人工智能是工具，也是思维与方法。"人·机共读"也仅仅是其中的一种阅读方式、方法。通常来说，个性化阅读才是更有深度的东西，因为这才是能体现人的综合素质的技能。例如，人对于复杂系统的综合分析、决策能力，对于艺术和文化的审美能力和创造性思维，由生活经验及文化熏陶产生的直觉、常识，基于人自身的情感（爱、恨、热情、冷漠等）与他人互动的能力……这些是人工智能时代最有价值、最值得培养和学习的。

人的情感体验、自我认知等思维都是机器很难，甚至几乎不可能有的。实际的阅读中，学生可以根据上下文内容，以及联系生活实际洞察蕴含其中的丰富含义；可以尽情领略"飞流直下三千尺，疑是银河落九天"的恢弘气势；可以望月沉吟"举头望明月，低头思故乡"的游子情愫……这些复杂的思想，以及独特的阅读体验，今天的人工智能还不能完全理解。人和今天的人工智能相比，一个明显的智慧优势，就是能举一反三、触类旁通。①

但人工智能的存在与表现，也给我们一个回归个性化阅读的信号。因为关注人的个性发展，才是教育的本质，也是教育的真正使命。阅读要回到人本位，回到学生真正个性化阅读的状态——自组织、自适应性阅读……

那么，未来当我们面对更为广博的阅读资源，能做什么？其实，应该告诉学生的是——"我能做和机器不一样的事"。未来，机器人将会迅速占领所有"标准化领域"，而人类则将在各种差异化资源的供给中自由选择，从而实现个性的充分张扬，在各种差异化阅读资源的精准供给中实现个性化阅读的需求和发展。虽然人工智能环境给学生阅读带来了无限自由选择的机会，书单很多，智能超强，但是适合的才是最好的。因为"只有人的精神个性，才是人工智能时代里人类的真正价值。只有用开放的形态，创造性地迎接人工之智能与人类协同工作的新世界，才能真正成为未来的主人"②。所以，对阅读而言，学

---

① 李开复，王咏刚.人工智能［M］.北京：文化发展出版社，2017.
② 同上。

生才是未来阅读的引领者和实践者。

四、人工智能赋能未来阅读带来的深刻思考

人工智能最终无法完全替代阅读。阅读仍是学生的个性化行为，但不掌握人工智能技术，不能与时俱进充分利用人工智能，就可能被时代抛弃，或者被那些善于利用人工智能进行有效阅读和学习的同伴淘汰。未来已来，如何让我们的学生不输给人工智能？用祝智庭的话说："无论如何变化，教育发展总趋向是让学生从学会到会学与会创。"阅读同样如此。

所以，关注人的个性发展需求，仍然是未来阅读与学习的重点，学生之所以能引领未来阅读变革，是因为任何的技术手段都是为人服务的。个性化阅读是不会单纯根据技术的升级而彻底改变的。其间，教师的角色也将必然发生改变，成为满足学生个性化阅读的教学服务者、提供者，以及设计实施定制化阅读的阅读顾问。因为未来一定是一个"人·机共教""人·机共读"的新时代。

未来，人工智能的发展，以及智能机器人的兴起，潜在的意义还在于让我们更好地重新去审视和发现教育，回归教育的本质。毫无疑问，人工智能会改变世界，改变阅读，关键是改变人工智能的是谁？改变人工智能时代阅读的又是谁？毫无疑问，一定是那些拥有大数据、互联网、智能思维和技术的人。

人工智能时代，一个学生可以引领的未来阅读新时代！

未来，学生引领阅读的方向，教师何为？教师的角色总是在不断地变化之中，事实也说明，只有学会改变，才能更好地适应未来阅读，赋能未来阅读创新。

第三节
教师赋能未来阅读创新

未来，有着太多的不确定，也有着无限的可能。一切都在改变，也唯有改变，才能适应改变，迎接未来。阅读改变当下，也将改变未来。而"决定着教育之未来的，是那些更好地利用大数据来适应学习的组织"[①]。所以，未来阅读，教师的作用依然非常强大，但这种强大需要教师自身强大的支撑：形成必备的研究意识、拥有前瞻的数据智慧、提升应用工具的能力、翻转传统的思维范式……让数据、技术、思维等一切可以利用的工具赋能阅读，真正让学生"通过阅读来学习"。

未来阅读，语文教师应该有着怎样的应对策略？

---

① ［英］舍恩伯格，［英］库克耶. 大数据时代——生活、工作与思维的大变革［M］. 盛杨燕，周涛，译. 杭州：浙江人民出版社，2013.

一、研究跟进，形成必备的研究能力

在整个教师群体中，教育教学研究一直是个别教师的事情，所占比例非常小，几乎凤毛麟角。中小学教师到底需不需要具备研究能力，众说纷纭，意见不一。更多的人把研究看成大学教授的"专利"，似乎只有他们可以搞研究，中小学教师就不可以，即使做了，且做得不错，还被误解为"不务正业""不安分""不作为"……总之，你只要教好学生就行，研究的事情不需要你去做。历经"双基""三维"两个阶段的发展，不做研究，也过来了，稳稳当当站在课堂上。但在大力倡导与推进"发展学生核心素养"的大数据时代，还能如此吗？

大数据时代，数字与数据的根本区别，让老师们越来越发现数据的作用。基于数据的教育教学决策，已经在推动教育教学改革进程上起到了潜移默化的作用。新的形势迫切要求教师在新的时代必须转型，具备相应的文献检索、教学材料辨别和梳理加工的能力。"中小学教师的教学方式将变得越来越像大学教师，要具备基本的研究能力。"[1] 作为语文教师，要对学生在阅读中所产生的数据进行研究，通过挖掘、分析与梳理，如借助全体样本的搜集与研究，来预测学生究竟喜欢读哪些课外书，哪些书籍对学生的影响最大……以此进行阅读教学的规划与决策，设计富有个性化的阅读计划和方案，同时还能在此基础上撰写评估报告和相应的改进意见，以更好地指导和优化阅读教学，开展基于证据的实证教学。

试想，如果不具备这样的研究能力，那么我们就很难从经验型教学向基于数据决策的新型阅读范式转型，也就很难使阅读决策从意识形态的偏见中脱离出来。这样的研究不仅接地气，更能与时俱进，推动未来阅读的范式变革与转型。

---

[1] 乔锦忠.大数据时代，教师胜任力将重新定义[J].人民教育，2016（15）.

二、挖掘数据，拥有前瞻的数据智慧

未来，大数据将从根本上改变教育。之前我们也非常注重数据，只不过这个数据更多的是一个个数字，如某一次考试，某学生考了 90 分，班级平均成绩 91.5 分，以及班级及格率、优秀率等，这些在之前都是用来衡量一个班级学生的成绩，或者是用来评价一位老师的教学水准高低，甚至是一段时间内还用来核定老师的绩效工资。显然这不是数据的真正价值所在。

大数据时代，数据有别于数字。如两个学生在一次阅读测验中同样是考 90 分，以前我们普遍会认为他们两个阅读成绩一样，在一个水平上。但在当下，如果通过数据进行挖掘，你会发现平时阅读的习惯、阅读积累、阅读时间、性向潜能等都可能是影响他们本次阅读成绩的因素，相同的只是显现出来的数字——分数，不同的则是分数背后隐藏的关联数据，这些数据是客观存在的，如何挖掘这些数据，让数据发声，以产生更大的利用价值，才是问题的核心。可见，收集学生的学习产生的数据，并适时进行数据分析已成为未来教师不可或缺的能力。

"探求数据价值取决于把握数据的人，关键是人的数据智慧。"[①] 以前，我们更多做的是数据的提供者，向学校或家长传递学生考试的成绩。而当下，在大数据时代我们既是数据的提供者，还应该做数据的使用者。要紧跟时代，学会利用数据，提升我们自身的数据智慧，具备在大数据时代挖掘、整理、筛选与利用数据的能力，精准地去省察教学中存在的问题，及时进行教学干预和预测，并做到因地制宜、因材施教，精准地利用数据为阅读教学决策服务，切实提高阅读教学效率。

数据不是策略，但却是一种可以利用的工具，因为数据要经过分析和处理才能彰显其应有的价值。这就要求我们要具备数据智慧，最大限度地挖掘其

---

① 王萍.大数据时代提升教师数据智慧研究［J］.开放教育研究，2015（3）.

价值，并得出有效的结论用以指导教学干预。而一旦具备这种前瞻的数据智慧，那么未来阅读的范式形态将更具个性化，更能为学生所悦纳。

三、工具赋能，提升应用工具的意识

大数据是一种资源，也是一种工具。让数据发声，就是要让这种工具切实为教学服务。比如，数据能告诉我们每一个学生的阅读倾向，他们想要读什么，喜欢读什么，每个人的阅读需求有哪些不同，哪些群体可以被集合到一起来进行聚合阅读。

我们知道，作为一种工具形态存在的大数据，其核心就是预测，大数据能够预测体现在很多方面，如学生的阅读趋向、需求等。很多时候学生真正喜欢读什么样的书，我们不是很了解，也无法通过抽样全面了解，但在大数据时代，却可以搜集学生阅读的全部数据，包括他们日常在家、在学校、在书店等的读书时间、图书类型，依此进行数据分析和挖掘，从而预测学生喜欢读哪些书，以及已经读了哪些书，等等。然后，在教学中适时地向学生推介他们喜欢的书，并充分利用线上线下等形式，开展相应的读书专题活动。这样因人而异的个性化阅读必然为学生所喜欢。

未来，必将形成一个从"人找信息"向"信息找人"的翻转，其中搜索引擎就是一种很重要的工具，同时也是一项硬核技术。技术解放了知识，也解放了人。其实，是工具解放了原本封闭的知识和人。此外，APP、存储、快速检索等工具，不仅极大延长了保存的时间，易于存取，还能随时查看、对比、分析，为教学赋能，为阅读引路。尤其在智能时代，机器人作为一种智能工具，也在发生着重大的变化，以前是人需要懂机器，以便操作机器，现在是机器更懂人，目的就是要让机器更好地为人服务。未来，人机共教的时代，工具意识尤其不可或缺，工具赋能教育、工具赋能阅读已经成为大数据时代的共识。

四、转变思维，翻转传统的思维范式

大数据时代，当数据的处理技术发生翻天覆地的变化时，我们的思维也要变革。哪些思维需要变革呢？总结梳理一下舍恩伯格的观点，主要有三个方面：第一，利用所有的数据，而不再仅仅依靠部分数据，即不是随机样本，而是全体数据；第二，我们唯有接受不精确性，才有机会打开一扇新的世界之窗，即不是精确性，而是混杂性；第三，不是所有的事情都必须知道现象背后的原因，而是要让数据自己发声，即不是因果关系，而是相关关系。"三个方面"也是交织融为一体的，共同作用于思维形态的转变。

其中，大数据思维一个最突出的范式，就是从传统的因果思维转向相关思维。用舍恩伯格的话说，"知道'是什么'就够了，没必要知道'为什么'"。这完全颠覆了我们传统的思维方式，看似是一种反科学的思维，实则是大数据时代特有的一种创新思维。但作为一名语文教师，我们需要明确的是，虽然转向相关性，但并不是不要因果关系，因果关系还是基础，只是在"互联网+"背景下，为了得到即时信息，实时预测，在快速的大数据分析技术支持下，寻找到相关性信息，才能更好地预测学生的阅读行为，为个性化的阅读提供决策服务。

如在当下人工智能时代，让机器懂人，是让机器具有学习的功能，也是人的大数据思维转变。在互联网大数据时代，有问题问机器，问百度……这已成为生活与学习的一部分。用机器更懂人的思维方式思考问题，解决问题，是有大数据库的支撑的，机器可即时搜索到相关数据，解决相关问题。"大数据的思维模式使教师和学校管理者尽其所能地测量、检测所有事物，以便发现为支持学生的进步在怎样的传导功能下做什么才最为有效。"[①] 大数据思维，同样

---

① ［英］舍恩伯格，［英］库克耶.大数据时代——生活、工作与思维的大变革［M］. 盛杨燕，周涛，译.杭州：浙江人民出版社，2013.

已经开启了一次重大的阅读转型，作为一名语文教师我们无法回避。

未来已来，我们在适应未来，也在迎接未来。一切的数据、技术等虽然不会淘汰教师，但是善于利用数据与技术的教师一定会淘汰不会利用数据与技术的教师。未来教师，将与数据、技术等共存，协同发展。为此，教师的工作方式也将不可避免地发生很大改变，每一位学科教师的角色也都将因此重新定位。

未来，大数据、"互联网+"、人工智能等场景的迭代创新为教师的"独立人格和自由思想"提供了充分的条件，将使教师在众多知识与信息的世界中自由选择，独立思考，从而获得真正意义上的解放。"能够用他自己的眼睛去看，用他自己的心去想，而且，除了他自己的理智以外，不为任何其他的权威所控制。"（卢梭语）这时候，他才能凭借着"独立人格和自由思想"活跃于儿童世界，这样他才能真正赋能阅读的创新与实践。

所以未来教师的存在与表现形式也将随之发生根本性变化。以个体存在的教师很难再仅仅以知识储备而赢得学生、家长、社会的认可与地位，更多的是以"独立人格和自由的思想"唤醒学生的潜能和创造力，赋能学生的学习。"人是在创造活动中并通过创造活动来完善他自己的。"（卢梭语）这一定是未来教师发展的新趋向。

改变，在未来，也在当下。

> 未来学校,阅读将呈现怎样的格局?和以前有哪些不一样的地方?如果让你来设计学校,那么你还有怎样的蓝图?未来学校,为阅读而设计,也将为阅读而存在。

第四节
学校为未来阅读而设计

为阅读而设计的未来学校,学校将成为"未来阅读中心"。

2019年伊始,四大银行之一的中国建设银行宣布:国内第一家无人银行在上海正式开业!更让人惊叹的是,这家无人银行不仅是一家银行,还是一个拥有5万册书的云上图书馆,手机扫码,就能把"整本书"保存带走。银行变,只是众多行业中的一个缩影,更多翻天覆地的变革正在随着时代的步伐向前行进。

可以预见,学校的变革也将在不久的未来发生颠覆性的变化,未来学校的阅读环境、阅读形态等也必将发生根本性的变化。未来学校,为阅读而设计,不仅是思维的转变,更是教育情怀的表达。

一、学校未来阅读的"馆藏模式"

开启学校未来阅读的"馆藏模式",第一代图书馆将仍然存在,仍是学生在校阅读的主要场所，但并不是唯一场所。在这期间第二代、第三代、第四代……图书馆将逐渐兴起、迭代，构成一个不可分割的"馆藏整体"（详见下表）。

图书馆沿革	馆藏样态	技术支持
第一代	只藏书借书	手工
第二代	开放选书	手工+电脑
第三代	纸质书和电子书并存	移动共享（线上线下）
第四代	智能读书、混合学习且情景互动	互联网、人工智能（机器人）
……	……	……

可以预见，第五代、第六代……图书馆的馆藏样态将不再仅仅局限于图书室、班级图书角、阅读长廊、小书吧等。因为第二代、第三代……图书馆的兴起与迭代，整个学校将变成一个大的"图书馆"。这所"图书馆"不仅时刻敞开着，而且将时刻在线，线上线下，馆里馆外，联通一切，从而自然形成一个无限大的"阅读圈"。学校即"阅读圈"，"阅读圈"就是一所大的学校。徜徉其间，既有老师、管理员们的笑脸相迎，又有机器人助手的精准服务，同时还能根据读者（学生）的需求开展主题阅读活动，为志趣爱好相同的读者（学生）提供良好的线下与线上的交流环境和平台，从而吸引更多的学生参与其中。为阅读而设计未来学校，每一个空间都很重要，每一个空间都将有故事发生，因为每一个空间都将成为未来阅读的中心。

可以预见，无论在何时何地，这样的"馆藏模式"在任何一所学校都不会缺席，哪所学校的图书馆藏量越大，"阅读圈"越大，阅读空间越多，就越知名，这所学校的学生也就越阳光、博学、智慧。苏霍姆林斯基曾说："一个学校可以什么都没有，但是只要有一个图书馆，就可以称之为学校。"一本书，就是一个世界；一座图书馆，就是一座精神殿堂。学校未来的发展定位，就是要设计出一座大的图书馆。"21世纪的图书馆不再是沉闷的图书仓库，而是一个集空间、家具和工具于一体，支持主动学习的灵感空间，它支持独立学习，也支持写作学习，为学生提供获得新技能的帮助和指导，并且让学生能自由获取任何形式的内容。"（"新校长传媒"《重新定义学校图书馆》）建筑的本质是让人"诗意地栖居"，学校的本质同样是让人"诗意地栖居"，所以，为阅读设计的未来学校，将是未来学校存在的全部意义。

二、学校未来阅读的"场景模式"

大数据、"互联网+"时代，如何重新定义图书馆，重新认识人的阅读？如今，美国越来越多的学校开始使用开放教育资源（OER）。从国外许多图书馆在空间再造方面的实践不难看出，从最初的信息共享空间（IC）扩展为学习共享空间（RC），现在又扩展为创客空间，阅读的"场景模式"越来越立体、越来越具象。为阅读而设计的未来学校，更关注对生命本身的体验和思考，"在场景中"就是最好的设计思维。

场景连接一切，读书无处不在。一切的阅读都将在具体的场景中进行。基于这样的思考，未来学校的样态必然要发生巨大变化。但是，有必要说明的是学校未来图书馆的设计与建设并不是完全要推倒重来，而是要在不刻意改变原有建筑空间的情况下因地制宜、因需而异，根据阅读的需求、现有的格局、未来的趋向，创意设计出更多的场景。如安徒生童话馆、格林童话馆等，置身安徒生、格林笔下的童话世界，阅读必然别有一番滋味。其间，还可以利用VR等工具，让学生体验更多的故事场景，"走进"童话世界，体验一本书，一位作家，一个世界……这一切都将在一个一个的场景中发生，未来学校的阅读形态，就是要为学生创造这样一个又一个的场景，连接书本、连接故事、连接生活、连接世界……所以，对于未来学校而言，不一定要建一座又一座的高楼，但一定要创建一个又一个的阅读场景，传统的、现代的，线上的、线下的融为一体。

由于人的行为都是在具体的场景中完成的，所以每一个阶段、每一个时代都会有不同的生活和学习场景。如语文学科教室的建设、《西游记》主题馆的建设等，都是在做场景的设计与布置，之所以这样做就是要让学生有一种身临其境的切身体验，尤其是当前VR/AR技术工具的出现，让可视化阅读成为一种时尚，阅读不再只是面向单一的文字，还有图画、音效等场景的介入。无论是阅读的内容还是方式，都在发生着巨大的改变；无论是沉浸式阅读，还是泛在阅读，都是在具体的场景中进行，也正因为如此，阅读成了一种"看得见、摸得着"的行为，每一个环节都可以量化。

三、学校未来阅读的"众筹模式"

为阅读而设计的未来学校，不仅仅要关注外在建筑、环境等的设计与呈现，还关注为每一位读者提供精准服务而设计的创意阅读活动等。如"你点单，我买书"，当前很多大的图书馆为了了解与凝聚读者，都在开展这样的图书众筹活动，备受读者的关注与青睐，这是一种典型的创意设计。

为让未来学校的阅读资源变得越来越丰富，需要进行系统的设计与运作。而运用众筹思维，便可以让学校的图书馆变得更大、更丰富。比如，我们可以发动学生用手机或平板电脑扫描家中藏书的ISBN号，并将其上传到学校图书馆或者班级云平台，或者直接建立自己的"掌上书房"，并连接学校、班级的APP端口。随着每一个学生家庭藏书的汇聚，以及"掌上书房"的增多，系统再进行筛选与分类，自动建立云阅读平台资源，形成与学校已有阅读资源的互补与共享。这期间，甚至每一个人或每间"掌上书房"还可以发起众筹，筹到自己喜欢读的书，筹到与自己兴趣相同的阅读伙伴，形成阅读圈……也可以通过"出借""出售""漂流"等形式，增进阅读交流，从而丰富众筹的内涵。通过众筹方式来设计与定义未来的阅读样态，未来学校的图书馆、阅览室、图书角等将不再是单一的个体,也不再是学校或班级所专有,每一个学生、每一位老师都将是图书馆建设的发起者或创造者,学校将因此变成一个阅读社区、学习中心,真正意义上的"阅读共同体"必然会出现。

此外,由于众筹方式的灵活与强大,很多主题鲜明的阅读项目可能会在瞬间做成,如为了建立一个"漂"在云端的"安徒生童话馆",就可以借助互联网平台发起众筹,筹集所有关于安徒生童话的资源。在完成大家的推送之后,进行系统整理、筛选与分类架构,最终完成相关的链接,这样就可以借助网络平台将这些资源进行"馆藏存储",建成主体鲜明的"安徒生童话馆"。而且每一位师生都可以根据自己的喜爱以及研究主体,建设自己的"掌上书房""云上图书馆",最大限度去满足每一位师生的阅读需求。这样,个性化阅读的私人定制模式,也会因众筹而实现网上资源的精准供给与共享。

四、学校未来阅读的"数据模式"

为阅读而设计的未来学校,有建在地上的实体图书馆,也有放在"云端"的虚拟图书馆。数字信息和网络化时代,信息资料书目巨大。"图书馆+""阅读+"等模式层出不穷,"+"就意味着无穷大,意味着未来学校阅读方式的不断转变。而一切的变革或许都将通过数据来考量与决策,学校未来阅读的"数据模式"不容忽视。

以前,一所学校如果有十几万的图书藏量,那么这所学校就堪称大校、名校了。以"江苏省小学图书馆装备标准"为例,其中六轨Ⅰ类学校最低藏书量要大于或等于4万册(其中电子图书不应超过藏书总量的20%,还应有一定量的音像资料和本校特色的数字资源),生均藏书量30册,在今天要达到这个数字不成问题,关键是考量一下数字的背后究竟发生了怎样的数据变化。如果学校的图书馆是封闭的,这些数字还有价值吗?

哪些书学生喜欢看,并经常借阅?哪些书受冷落?每个学生年平均阅读量是多少？发生质的变化了吗？学生阅读的媒介发生了哪些变化？……大数据时代，一切皆可量化。量化，是基于学生在阅读过程中生成的数据，让数据发声，未来的学校阅读改革需要这样的声音。大数据、"互联网+"时代，"信息不仅仅是一种视觉和感官的东西，更是可捕捉、可量化、可传递的数字存在"①。准确讲，一个数字背后的背景数据（即元数据）、评论数据等，全方位地定位了这个数据的意义，数据的集中以物联网、云计算等综合技术的成熟为基础，它更能综合考量与印证真实世界背后的逻辑关系。未来学校的阅读变革及设计需要这些数据的支持与变现。所以，未来学校的阅读情况如何，不需要老师来评价，学生反馈来的大量数据会自然发声。学生青睐哪种书籍，关注哪些内容，数据直接可以告诉我们，我们也可以根据反馈来的信息进行挖掘、分析、预测、判断、决策和设计，从而更好地为学生的阅读服务，甚至是为每一个学生量身定制个性化的阅读书目，提供个性化阅读的服务。

美国思想家托夫勒曾在 1970 年就提出了面向未来的教育图景："小班化，多师同堂，在家上学趋势，在线和多媒体教育，回到社区，培养学生适应临时组织的能力，培养能做出重大判断的人、在新环境里迂回前行的人、敏捷地在变化的现实中发现新关系的人等。"如今，未来已来！为阅读而设计的未来学校，阅读教学的课堂样态、学生阅读的方式与途径等都在发生着变化，而永远不会改变的是阅读的情怀、格局和境界。

---

① 魏忠.大数据时代的教育革命［N］.江苏教育报，2014–8–6.

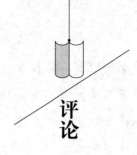

王金涛及其《未来阅读》的典型意义

张俊平

拿到、翻阅王金涛老师的书稿——《未来阅读》,似乎可以借用一句歌词来表达:我的心中无限感慨。之前,王金涛老师在电话里曾这样追问我:"张主编,还记得几年前您跟我说过的话吗?今天终于完成,特向您交作业来了。"说心里话,我真的不记得曾经跟他说过什么,但是,看到眼前这厚厚一摞书稿,记忆的闸门似乎一下子被他拉开。王金涛是一位普通的小学语文老师,我认识他是通过"教海探航"征文竞赛活动。在人群中,他给人的最初印象是"少言寡语","静如处子",属于不很活跃、难以引人注目的"书生一族"。他最终能够走进我的视野并让我对他刮目相看,缘于他最近6年6篇关于"阅读"的获奖论文。也正是参加"教海探航"征文竞赛的这些专题研究,引发了他对阅读具有学科前沿和前瞻意义的思考,并最终完成这部有些"前不见古人"意义的《未来阅读》的著述。

应当说，这部《未来阅读》的著述与出版，对作为小学语文老师的王金涛而言，具有专业和人生成长的双重价值。王金涛老师约我为他的《未来阅读》写一点文字。但是写什么呢？作为一本专业期刊的编者和记者，出于职业的本能与习惯，我更热衷和感兴趣的，不是评述这部专著的学术水平和价值，而是意在透过他的研究成果和履历，发现并揭示一个普通小学语文老师专业和人生成长的密码。

独立的思考。正如哲学家帕斯卡尔所言，人是一根会思想的苇草。因为会思想，人才显得优异；因为会思想，人才显得伟大；因为会思想，人才显得美好。失去独立思考，是当下大多数人的悲哀。马克思有句名言：思想的闪电一旦真正射入这块没有触动过的人民园地，德国人就会解放成为人。视角转换到小学校园，我们是否可以这样说：当思想的闪电真正射入小学校园，且成为小学教师专业成长的方式，小学教师才会解放成为真正意义的教师？王金涛老师是当下为数不多的被"思想的闪电射入"并开始"有思想""会思想"的小学教师。这种"思想的美丽"不仅表现在他的这部专著《未来阅读》里，也表现在他参加"教海探航"征文竞赛的数篇获奖论文中。从2014年开始，他先后撰写了《从"样本阅读"到"全息阅读"——大数据时代背景下小语阅读范式变革的思考》等6篇文章，篇篇都获得一等奖甚至是特等奖。众所周知，"教海探航"征文评审极其严格，一等奖是"千篇挑一"，特等奖更是"万篇挑一"。有的老师慨叹：得一等奖似"蜀道难"，得特等奖更是"难于上青天"。王金涛老师为什么能连续6次斩获一等奖或特等奖？答案只有一个，就是他的论文总是有自己独到的见解，与他的这部专著《未来阅读》一样，能"见别人所不见"。这完全得力于他长期养成的独立思考的习惯，用王金涛自己的话说，就是凡事都喜欢尝试"接着说"，而不是机械地"照着说"。有什么样的思维方式，就有什么样的思维品质。"教海探航"系列获奖论文和这部《未来阅读》专著，正是王金涛老师长期坚持独立思考的"春华秋实"。

行者的姿态。中国有句老话，曰"知易行难"。先贤王阳明更是站在哲学的高度，提出只有"知行合一"，才能抵达事业与人生的理想境界。在我看来，王金涛老师关于阅读的专题研究，有点儿像"当春乃发生"的新竹，处在一种拔节成长、日上日妍的状态。他的专业成长与成功，既得力于他"仰望星空"的思考，也得力于他"脚踏实地"的行走。他把根一直扎在小学语文（特别是阅读）教学的实地，聚焦自己选定的课题，一丝不苟地做真正的研究。透过他的这部《未来阅读》以及"教海探航"的6篇获奖论文，我们可以清晰地看到，他的研究既有高屋建瓴的理论思考，也有鞭辟入里的实践探索，尤其让我感佩的是他的"行者的姿态"，并不是一味地"埋头拉车"，而是时常地"抬头看路"。正是因为如此，他对小学语文（特别是阅读）的研究，才显得"驾轻就熟"和"渐入佳境"，他关于当下与未来阅读的诸多见解也"不同凡响"，让人"拍案惊奇"。什么是"实践出真知"？王金涛老师以他的"行者的姿态"，为我们做了生动形象的诠释。

韧的精神。清代画家郑燮创作了一首咏竹诗《竹石》："咬定青山不放松，立根原在破岩中。千磨万击还坚劲，任尔东西南北风。"郑燮诗中所要表达的，正是鲁迅先生一贯主张的"韧的精神"。所谓"韧的精神"，就是百折不挠，就是锲而不舍。在人才济济、藏龙卧虎的小学语文老师中，王金涛能够"脱颖而出""崭露头角"，除了上述"独立的思考"和"行者的姿态"，还有一个关键因素在起作用，这就是"咬定青山不放松"的"韧的精神"。2014年到2019年，王金涛老师6次参加"教海探航"征文竞赛，题目依次为：《从"样本阅读"到"全息阅读"——大数据时代背景下小语阅读范式变革的思考》，《"阅读跨界"与"思维翻转"的范式转型——大数据时代背景下小语阅读范式变革再思考》，《"思维转型"与"技术升级"的教学意义——大数据时代背景下小语阅读范式变革思考之三》，《众筹阅读：创新阅读资源供给范式——大数据时代背景下小语阅读范式变革思考之四》，《AI时代，学生引领未来阅读变革——大数据时代背景下小语阅读范式变革思考之五》《技术促进阅读范式转型的"实践报告"——大数据时代背景下小语阅读范式变革思考之六》。透过王金涛老师的这6篇参赛论文和眼前这部《未来阅读》，我们不难发现，他把作为老师的研究方向始终咬定在小语阅读"这一个"选题上，唯一不同的是观照这个问题的角度在逐年变换，这种散文写作式的"朝向一个目的地""移步换景"的研究，使他日益深入并且抵近阅读教学的本质。很少有小学老师像王金涛这样"专心致志"与"坚韧不拔"。这恰好为那些"天赋异禀""出类拔萃"的老师最终"泯然于众生矣"提供了一个有力的反证。

未来是什么？未来阅读是什么？……一个个问题如春风般扑面而来。答案是什么？答案在哪里？没有人会告诉我们，也没有人能告诉我们。还是让我们一起阅读王金涛，阅读他的这部《未来阅读》，或许我们都会找到属于自己的答案，得到属于自己的收获。

（作者系《江苏教育》杂志主编、编审，江苏省新闻出版领军人才，江苏省"五一"劳动奖章获得者）

信息技术时代阅读与教学的未来形态

李冲锋

王金涛老师是江苏省小学语文特级教师，多年来勤于思考、乐于探究、笔耕不辍，在教学科研方面成就斐然。《未来阅读》是他继《重塑小学语文阅读教学新范式》（南京大学出版社 2011 年版）之后的又一部力作。阅读《未来阅读》一书，是一次开阔视野、增长知识、促发思考的愉悦的学习之旅。《未来阅读》这本书揭示了信息技术时代阅读与教学的未来形态，带给我们诸多教学启发，也有不少科研启示。

（一）未来阅读挑战未来教学

信息技术的发展对未来阅读以及未来阅读教学势必产生变革性影响。《未来阅读》这本书从信息技术对阅读的未来影响起始，最终落脚到未来阅读教育上，给教育教学带来诸多启发。

第一，未来阅读需要教师赋能。

大数据、"互联网+"、人工智能时代，各种"新思维"层出不穷，阅读新形态也不断涌现。王金涛老师胪列了"用户思维、平台思维、跨界思维、迭代思维、创客思维、场景思维、众筹思维、大数据思维"等八种新思维，指出了"全息阅读、问题阅读、项目阅读、泛在阅读、跨界阅读、创客阅读、场景阅读、众筹阅读"等八种阅读新形态。这些新思维、阅读新形态对教育教学提出了新要求，对教师提出了新挑战：这些时代新思维，我们是否已经拥有？这些阅读新形态，我们是否已经掌握？如果还没有，我们将如何实施适应未来社会发展的阅读教学，如何促进学生的未来阅读？时代的发展变化，要求教师必须在信息技术与教育教学方面不断自我赋能，不断学习、实践、改变。为新时代赋能、为技术发展赋能、为未来阅读赋能、为未来教学赋能，势在必行！唯有不断拥抱新时代、持续接纳新变化、终身学习、勇于实践，才能应对技术发展带来的职业挑战，才能在不断适应中不断创造美好的未来。正如王金涛老师所说——"改变，迎接未来。"

第二，未来阅读需要实践落地。

为了迎接信息技术时代的新变化，教育教学必须打破传统的思维方式，突破固有的教学模式。这已经不再仅仅是一句口号，而必须付诸行动，变为现实。可是，如何才能做到呢？王老师对此做出了一些理论思考，提出了样本阅读到全息阅读的思维转变、阅读跨界与思维翻转的范式转换、思维转型与技术升级的教学意义、场景应用与众筹思维的课程价值等想法。这些思考为信息技术与教学结合提供了理论支持。如果只是理论空谈，那就没有多大意思，难能可贵的是本书第三章"未来阅读的实践探索"举了八个方面的实践案例，让我们看到了大数据、"互联网+"等运用于教育教学的现实样态。八个案例八种角度，向我们展示了信息技术运用于教学的广阔空间。"数据发声、工具赋能、场景再造、空间互联、阅读链接、问题清单、深度阅读、实践报告"等八个关键词，代表了信息技术应用于教育教学的八种方法，指明了八种方向。接下来，我们需要做的是，在这种八个关键词所代表的方向启发下，结合自己的教育教学，创造性地运用信息技术，开拓属于自己的大数据、"互联网+"时代的课堂教学。唯有在实践中才能创造出未来。未来阅读与未来阅读教育不在未来时间之中，而在实践创造之中。正如成尚荣先生所言："未来不是等来的，而是创造出来的。"

第三，未来阅读需要价值引领。

技术的发展是一把双刃剑，在给人们带来便利的同时，也带来一些难免的危害与潜在的危险。如何认识新技术的价值，如何利用好新技术，成为我们需要认真而慎重对待的问题。王老师非常清醒而清晰地说："大数据、'互联网+'、人工智能时代，阅读本身不是目的，我们真正的目的是让每一个学生都能得到帮助，获得最大的自由，体现最大的价值，提升阅读的幸福指数。所以，引领未来阅读改革方向的依然是人，我们的学生。"人是一切社会活动的目的，学生是一切教育活动的目的。大数据、"互联网+"、人工智能时代的教育，不能沉沦在大数据里、沦陷在互联网里，更不能失控于人工智能。作为教师，在教育教学中，一定始终把人——学生放在最重要的位置，教会学生掌握信息技术工具，而不是相反——任学生被信息技术所控制。只有牢牢把握"人"的准绳、"人的发展"的尺度，教育才不至在信息技术的强大漩涡中迷失，"人"才能在信息技术发展的潮流中站立，立德树人的教育任务才能很好地完成。

（二）未来阅读的科研前瞻

《未来阅读》这本书王金涛老师筹划、研究了六七年之久，才终至出版。这是教师教学科研的一个典型案例。从王老师教学科研成功的经历中，可以觅得一些教师教学科研的启发。

第一，基于教学，沉积厚淀。

王金涛老师的教学科研始终立足于他所从事的语文教学，专注于他感兴趣的阅读教学。他的第一本书《重塑小学语文阅读教学新范式》聚焦阅读教学的范式转型，这本《未来阅读》仍然聚焦阅读与阅读教学。多年来，王老师在阅读教学领域里辛勤耕耘着、默默积累着，终至可以写出这部颇具分量的专著。这本书的成功是厚积薄发、水到渠成的结果。这启发我们，教师从事教学科研，要立足于自己最为熟悉的教育教学实践，专注于自己感兴趣的教学领域，静下心来，长期耕耘，沉积厚淀，终会有所成就。

第二，是聚焦前沿，站位高端。

大数据、"互联网+"、人工智能等信息技术广泛而深刻地影响着时代发展与社会变革，也给教育教学带来重大的影响。这些影响不仅仅是教学手段、方式方法等的工具性变革，更有思维方式的变革、教学范式的转型和学习方式的革命。面对新的信息技术所带来的冲击、挑战与机遇，教育教学如何面对，又将如何应对，将成为一个时代的教学问题。聚焦到语文教育上，信息技术将带来阅读形态的转变与阅读教学范式的转型。阅读的新时代来临了，阅读教学将如何面对与应对呢？这是非常值得探讨的问题。王金涛老师就是对这一教学的时代问题进行探索的先行者。他敏锐地捕捉到了时代发展的信息，认识到科技发展对教育教学变革将产生的重大影响，顺势而为，聚焦到未来阅读的研究上，致力于探究大数据、"互联网+"、人工智能等技术对阅读与阅读教学的现实影响与未来推动。王老师所做的是一个前沿性课题，这种前沿性本身就具有自足的价值，体现出强烈的时代性、现实性。常言道"站得高才能看得远"。王老师的课题研究的站位是高端的，他是站在时代发展趋势的高度来看待阅读而至未来阅读的，是站在"人的发展"的教育高度来看待小学语文教学中的阅读教学的。这种高端站位使他的研究具有了高瞻远瞩的视野与准确的研究定位。王老师的做法启发我们，在教学科研中尽量选择前沿性课题，高站位地展开课题研究。

第三，锲而不舍，终有所成。

做研究需要有一股韧劲。咬住一个有价值的课题，坚定不移地钻下去，锲而不舍地做下去，才能成功。坚持不一定成功，但成功一定需要坚持。一定要做有难度而有价值的事情。只要有兴趣、有决心，持之以恒，一定能够做好。研究大数据、"互联网+"、人工智能时代的阅读与阅读教学，是一个很有难度的课题。一是难在"前沿"，没有更多可资借鉴的成果，充满不确定性；二是难在"跨界"，以语文老师的身份研究大数据、"互联网+"、人工智能实在是有些"跨界"。"难"不怕，只要有价值，有兴趣、决心和毅力，就可以成功。六七年的时间里，王老师始终围绕"大数据时代背景下小语阅读范式变革"进行思考、研究，先后撰写和发表了多篇相关论文。这本书就是在这些论文的基础上写成的。王老师这种抓住一个课题锲而不舍研究下去的精神与做法，很值得学习。

《未来阅读》一书以其高端的站位、前瞻的眼光展示了以大数据、"互联网+"、人工智能等为代表的信息技术时代未来阅读与未来阅读教学的样态，同时提供了实践的可鉴案例与可行方法，为我们打开了一片崭新的阅读天地与教学空间。未来在阅读赋能中形成，在教学创造中实现。未来阅读，先从这本《未来阅读》开始吧！

2020 年 4 月 26 日

于上海七星海畔卧书公室

（作者系中国浦东干部学院副教授）

未来阅读：信息社会发展中具有前瞻性的项目

冯伯虎

回顾历史就能发现，每一次人类社会的重大进步，都离不开技术的变革。同样，现代信息技术的飞速发展，对人们的工作、生活和学习诸方面均产生着重要的影响。新技术的运用，不仅会影响到人的行为方式，还会逐渐地改变人的思维。笔者认为，立足当下，研究学科的未来，是学者型教师敏锐的洞察力、与时俱进的有力表现。江苏省语文特级教师王金涛对于"现代信息技术与阅读研究"这一具有前瞻性的项目，经过多年的研究和实践，终于结出了硕果，凝聚成专著《未来阅读》。

（一）大数据视野下未来阅读理念的形成

认识金涛有 20 多年了。前十多年，虽然我们的工作和研究方向不同，但对他所从事的小学语文阅读教学改革与研究所取得的成果及业内影响力，可是久有耳闻。近十年来，金涛所在的学校领导十分重视教师的专业发展，笔者有幸被聘为该校的导师，而工作上直接对接的，就是负责学校教科研工作的教科室金涛主任。至此，我们便有了关于一线教师专业发展教科研方面的"工作交流"。金涛在解释其为什么注重阅读教学研究时说道："知识是人类进步的阶梯，阅读则是了解人生和获取知识的重要手段，小学阶段尤为重要！"我们一致认为，现代信息技术的发展与普及，正逐渐地渗透到人们的学习活动中，教育现代化工程的深入，使得现代信息技术在学校的各科教育教学活动中广为运用。基于现代信息技术视角开展未来阅读研究，应该属于时代赋予的前瞻性项目。

还清楚地记得，2013 年的寒假前，笔者应邀去该校作指导时，我们聊到了刚刚出版的《大数据时代》一书中的大数据技术应用及大数据理念将会对教育产生的影响。金涛热切地提出了他的设想：搞"基于大数据理念下的阅读教学"研究。自此，我们的交往一下子就由"工作交流"上升到了"学术交流"。

（二）大数据视野下阅读方式与阅读教学理念的变革

现代信息技术工具的普及与网络的便利，为人类进入数字化阅读提供了物质条件。就读者而言，阅读资源已进化到了数字化（电子出版物）形态，因此，注重传统纸质媒体阅读的思维方式也随之发生着变化；若从出版方来看，随着大数据技术的深入运用，数字化阅读平台已做到了针对读者的不同需求，实现了有目标的阅读推送，且在日益完善。

那么，大数据视野下，人们的阅读方式会有哪些变化呢？首先，在阅读媒体的形态上，将由纸质媒体（书刊、报纸等）为主，逐渐过渡到数字化阅读为主；其次，在阅读资源方面，将由有限资源（藏书、借阅或订阅等）变成无限资源（基于网络平台的阅读）；再次，在阅读习惯上，也将由根据个人需要去寻找（检索）阅读，转变为数字化阅读平台根据个人的检索、兴趣等大数据分析而主动推送。以上变化，将随着现代信息技术的发展进一步加剧。

金涛第一篇有关"大数据理念"的论文，是为了参加"教海探航"论文大赛所作的《从"样本阅读"到"全息阅读"——大数据时代背景下小语阅读范式变革的思考》，他非常谦虚地让我帮他"斧正"一下。从此，由特级教师王金涛领衔的，"大数据理念下的阅读教学"研究团队走上了开挂的征程：金涛个人连续6年的"教海探航"论文，均围绕着"大数据理念下的阅读教学"研究主题展开，篇篇递进，层层深入，并以2篇特等奖、4篇一等奖的突出成绩引起关注；由金涛策划的"大数据时代小学语文阅读教学范式的变革"研究专题，在《江苏教育》（小学教学）2016年第2期上刊发了团队的一组5篇论文；在金涛指导下，研究团队还分别在《教学与管理》《江苏教育》《新课程研究》等杂志发表了《为阅读而设计的未来学校》等20多篇相关论文……"未来阅读"已成为特级教师王金涛的教学主张和教学实践了。

（三）对《未来阅读》书稿内容的解读及阅读教学改革的展望

阅读教学是语文教学的重要组成部分，它贯穿于小学语文教学的整个阶段。随着现代信息技术的广泛运用，大数据、互联网、人工智能视域下阅读教学的理念也必将发生革命性的变化。正像特级教师王金涛的《未来阅读》开篇所说的,"大数据、互联网、人工智能……工具助读阅读,阅读方式的颠覆与重塑正在改变我们认识世界的视角与思维,未来阅读必将迎来一次巨大的范式转型与变革"。那么,作为语文教师的我们,如何理解"未来阅读"的涵义,富有预见性地把握阅读的未来,保持与时俱进的阅读教学理念呢?

全书按照未来阅读的"产生、理论、实践和展望"的逻辑脉络展开,共分为四章。第一章"未来阅读的转型变革":从大数据技术应用对人类的工作、生活和学习诸方面的影响入手,通过系统分析,提出影响阅读转型的"三个要点",进而就驱动阅读转型的"四个要素"、助推阅读转型的"八种思维"、创造阅读转型的"八种形态"进行梳理、归纳和系统阐述。第二章"未来阅读的理论架构":基于大数据、"互联网+"等新思维、新技术创造性地服务于阅读,开展未来阅读的转型探索,就阅读思维、范式等方面的转变进行了理论架构。第三章"未来阅读的实践探索":通过八个具有代表性的行动研究案例,进一步阐释和展示未来阅读的七项实践方式和一项研究报告,分别是"数据发声""工具助读""场景再造""空间互联""阅读链接""问题清单""深度阅读""实践报告"。第四章"未来阅读的同行朝向":未来阅读究竟还会怎么继续发展呢?正如王老师所说的:"大数据、'互联网+'、人工智能时代,阅读本身不是目的,我们真正的目的是让每一个学生都能得到帮助,获得最大的自由,体现最大的价值,提升阅读的幸福指数。"引领未来阅读走向的应该是读者。作者从四个维度阐明了走向,即"未来阅读趋向深度融合""学生引领未来阅读变革""教师赋能未来阅读创新""学校为未来阅读而设计"。

随着未来阅读的逐步实现,作为阅读教学的改革者,教师今后如何应对未来的阅读教学呢?这是我们立足于大数据、互联网、人工智能时代,必须面对的问题。对此，金涛老师已经为我们"抛砖引玉"，砸出了一块"大砖头"——《未来阅读》。

（作者系江苏师范大学连云港校区课程与教学论研究中心教授、南京师范大学教育科学学院教育技术专业硕士生导师）

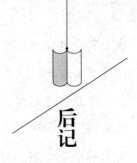

后记

未来已来，阅读可为

未来是什么样子，其实我们是很难预判的，有太多的复杂性和不确定性。

有所为，有所不为。为，与不为，虽留痕着时代的印记，但也有亘古不变的坚持。阅读，便是其中之一。

千百年来，能与人类朝夕相处的除了阳光、空气、雨露、花草，还有书籍，从竹简、帛书到今天的纸质书、电子书，人类的阅读从来就没有停止过，阅读不仅改变了社会的意识形态，也改变了人的存在与表现的意义。

未来已来，阅读可为。

大数据、互联网、人工智能……看上去与阅读没有任何瓜葛，但实质上它们的出现已经颠覆了人们生活与学习思维，同样也改变了阅读的形态——"一屏万卷"与"屏读"、掌阅与喜马拉雅听书、链接与超链接……尽管，纸质书阅读和"一屏万卷"式的"屏读"还在进行着激烈的博弈，但阅读的脚步不会因此停留，反而会因此变得更加多元、丰富，无论是形式上还是内容上。未来阅读，可能与不确定性将一起存在。

想象未来，就是在创造未来。

作为一名教师，我们也要有预言家的担当，今天，我们确实需要讲述过去，但更需要预言未来。我们引导学生博览古今贤人的书籍，就是在让他们汲取向上的张力，也是在为他们能更好地适应未来、预言未来寻找支点，厚积力量。

多年前，杜威就曾说过："如果我们用过去的方法教育现在的学生，就是在剥夺孩子们的未来。"今天，我们是否还存在着"用过去的方法教育现在的学生"的现象呢？毫无疑问，是有的，而且还很多，还很普遍。

麻省理工学院院长哥顿·布朗就曾说过："要当一名教师，首先要做一个预言家，你的教育不是为了今天，而是要为学生们想象不到的未来做准备。"未来，确实很难预测，但你不预测，不想象，不憧憬，不设计，并不能代表未来什么也不会发生，和你一点关系也没有。

2011年，我写了自己的第一本书——《重塑小学语文阅读教学新范式》，从关键字眼"重塑"与"新范式"便能看得出是对当时小学语文阅读教学模式的反思与重构；今天，《未来阅读》同样还是基于对当前阅读中出现问题的反思以及未来阅读的预判与设计。未来阅读，是否会这样发生发展？我不敢确定，但至少在今天很多"未来阅读的样子"已初见端倪，更有趋向常态发生的信号，尽管这样，我还是不敢判断，毕竟这仅仅是个人的一言之见。未来是多元、开放的，阅读也如此。对于未来阅读我们还要有自己的价值判断与实践标尺——

寻找技术的应用场景比开发新技术更重要；

重构阅读社群关系比享受互联网服务更重要；

赋能儿童的差异阅读比追求全面阅读更重要；

……

因为，探索未来阅读的育人价值比阅读本身更重要。未来，不仅是一个可以期许的"创意阅读新时代",更是一个儿童通过阅读建立与未来世界联系、创造未来新世界的时代。

未来已来,阅读一定可为。

阅读成尚荣老师的序,张俊平主编、李冲锋教授、冯伯虎教授的评论,以及李大市老师的推荐语,更让我坚定信念,未来阅读一定大有可为,今天我们仅仅是迈出第一步,未来,还有第二步,第三步……感谢他们一如既往的关心、支持与点津;感谢大夏书系卢风保老师的"坚持",敦促我两年来一直没敢懈怠阅读与写作,没有让"新生事物"擦肩而过。成书的过程,也是实践与探索的过程,就未来阅读而言,这才是开始……

未来阅读,究竟是什么样子?虽没有更多的"参考文献",但我们要有创造未来的激情和勇气。